CHANSONNIER
COMPLET
ET
UNIVERSEL,

Contenant des chansons

POUR NAISSANCES BAPTÊMES, MARIAGES, NOCES,
RÉUNIONS DE FAMILLE, FÊTES, ET
ASSEMBLÉES D'AMIS ;

CHANSONS PATRIOTIQUES

Annotées, revues et mises en ordre
Par **HALBERT D'ANGERS**.

Sous le patronage
D'UNE SOCIÉTÉ DE BBBBB RANGÉS.

Orné d'un grand nombre de Rébus.

PARIS.
CHEZ LES MARCHANDS DE NOUVEAUTÉS.
—
1846.

choses fondées sur la *justice* essentielle ou sur la loi sociale dérivée de la *loi naturelle* de justice ; en un mot, sur un droit qu'on ne peut violer sans tomber dans l'injustice. *Licite* se dit proprement des actions ou des choses que les lois regardent du moins comme indifférentes, et qu'elles rendraient moralement mauvaises si elles les défendaient.

C'est la forme qui rend la chose *légale* ; c'est le *droit* qui rend la chose *légitime* ; c'est le pouvoir qui rend la chose *licite*.

Une élection est *illégale*, si l'on n'y observe pas toutes les conditions requises par la loi. Une puissance est *illégitime*, si elle exerce la force sans droit, contre notre droit. Un commerce est *illicite*, quoique bon dans l'ordre naturel, si la loi le défend en vertu d'un droit.

709. LÉGÈRE, INCONSTANTE, VOLAGE, CHANGEANTE.

Tous ces mots sont synonymes. Ce sont des métamorphoses empruntées de différens objets : *léger*, des corps, tels que les plumes, qui, n'ayant pas assez de masse eu égard à leur surface, sont détournées et emportées çà et là, à chaque instant de leur chute ; *inconstant*, de l'atmosphère de l'air et des vents ; *volage*, des oiseaux ; *changeant*, de la surface de la terre ou du ciel, qui n'est pas un moment de même. (*Encycl.* XVII, 441.)

Une *légère* ne s'attache pas fortement ; une *inconstante* ne s'attache pas pour long-temps ; une *volage* ne s'attache pas à un seul ; une *changeante* ne s'attache pas au même.

La *légère* se donne à un autre, parce que le premier ne la retient pas ; l'*inconstante*, parce que son amour est fini ; la *volage*, parce qu'elle veut goûter de plusieurs, et la *changeante*, parce qu'elle veut en goûter de différens.

Les hommes sont ordinairement plus *légers* et plus *inconstans* que les femmes ; mais celles-ci sont plus *volages* et plus *changeantes* que les hommes. Ainsi, les premiers pèchent par un fonds d'indifférence qui fait cesser leur attachement ; et les secondes, par un fonds d'amour qui leur fait souhaiter de nouveaux attachemens. Par conséquent le mérite des hommes ne paraît être dans la persévérance, et celui des femmes dans la résistance : le premier est plus rare ; le second plus glorieux. Les uns doivent se munir contre les dégoûts, les autres contre les attaques : choses très-difficiles, j'ose même dire impossibles, à moins que la raison, de concert avec le cœur, ne soit également de la partie. (G.)

710. LÉGÈREMENT, A LA LÉGÈRE.

Légèrement énonce une simple modification de la manière dont les choses sont ou doivent être : *à la légère* désigne un costume différent de celui que les choses ont dans l'état na-

CHANSONNIER

COMPLET
ET
UNIVERSEL.

Imprim. de A. Hiard et Guillou, à Meulan.

A nos savans auteurs toujours lus et relus
Je sais trop le respect, les honneurs qui sont dus
Pour avoir en ce livre arrangé pour te plaire
Oublié cher lecteur, Piron, Panard, Voltaire.

CHANSONNIER COMPLET
ET
UNIVERSEL
pour
Noces, Naissances,
Réunions de Famille, de Table, &.ª

Par
HALBERT D'ANGERS

ILLUSTRÉ
d'un grand nombre de Rébus.

PARIS
Chez tous les Libraires.

CHANSONNIER
COMPLET

ET

UNIVERSEL;

Contenant des chansons
POUR NAISSANCES BAPTÊMES, MARIAGES, NOCES,
RÉUNIONS DE FAMILLE, FÊTES, ET
ASSEMBLÉES D'AMIS;
CHANSONS PATRIOTIQUES

Annotées, revues et mises en ordre
Par HALBERT D'ANGERS.

Sous le patronage
D'UNE SOCIÉTÉ DE BBBBB RANGÉS.

PARIS.
CHEZ LES MARCHANDS DE NOUVEAUTÉS.

1846.

PRÉFACE.

En publiant cette Encyclopédie chantante, notre [bu]t est d'offrir au lecteur un échantillon de la [g]aîté française, à ses diverses époques; pour cet [e]ffet, nous feuilleterons tous les recueils que nous pourrons trouver, passant en revue avec soin les anciens et les nouveaux, bons ou mauvais, nous y ajouterons des notes historiques et biographiques lorsqu'il y aura lieu, tant sur les auteurs que sur les productions qui pourront mériter quelque attention, ou causer quelque plaisir. Souvent l'anémone, la rose, toutes brillantes qu'elles sont, se trouvent au milieu des chardons, et en seraient étouffées si on ne les en dégageait avec soin. Notre tâche ainsi remplie, en livrant ce volume au public, nous n'entreprendrons pas de faire l'apologie d'une entreprise qui n'a pas besoin d'être justifiée.

Ceux qui prétendront, comme cela peut très bien arriver, qu'il n'y a rien que de médiocre ou d'usé dans cette compilation, parleront certaine--

ment un langage nouveau pour tous les amateurs du genre simple, léger, gracieux et naturel, qui ont recherché avidement et qui recherchent encore les romances, les vaudevilles, les chansons bachiques, grivoises et de circonstances de nos bons aïeux, et ils donneront un démenti un peu tardif à la multitude des lecteurs qui les ont chantés, aux compositeurs estimés dont le suffrage n'est point équivoque, et aux littérateurs les plus versés en cette partie, qui les ont autrefois constamment cités avec éloge.

Ce volume offre donc les trois âges de la chanson, et par conséquent se trouve forcément divisé en trois parties. Dans la première, l'on trouvera parmi les auteurs du bon vieux temps : Henri IV, maître Adam, le Régent, le président Hénault, Bussi d'Amboise, Piron, Panard, Grécourt, Favart, Quinault, Collé, Chaulieu, l'abbé de Latteignant, J.-B. Rousseau, Gallet, le chevalier de Boufflers, mademoiselle de Scudéri, Regnard, Ranchin, Malezieu, Vadé, etc. Les chansons de table, des auteurs tant anciens que modernes, formeront la deuxième série, et la dernière contiendra une collection de productions de circonstances, pour fêtes, baptêmes, mariages, etc.

Ce livre plaira-t-il ?
Hélas ! ainsi soit-il.

LE
BON VIEUX TEMPS
RESSUSCITÉ.

LE VRAI BUVEUR (1).
DE MAÎTRE ADAM.

Air : Ton humeur est, Catherine.

Que Phœbus gîte dans l'onde,
Ou là-haut fasse son tour,
Je bois toujours à la ronde;
Le vin est tout mon amour.
Soldat du fils de Sémèle,
Tout le tourment qui me poinct,
C'est quand mon ventre gromelle,
Faute de ne boire point.

Aussitôt que la lumière
Vient redorer nos coteaux,

---

(1) *Adam Billaud*, menuisier-poète du dix septième siècle, naquit à Nevers, département de la Nièvre. Il se rendit célèbre sous le titre de *Maître-Adam*, par ses poésies pleines de naïveté, de verve et de génie ; il les divisa en trois recueils : *les chevilles, le vilebrequin et le rabot*. En 1816, M. Tissot les fit paraître collectivement sous ce titre : OEuvres de Maître-Adam. Il Mourut à Nevers l'an 1662. L'édition de 1779 ne contient que ces trois premiers couplets; ceux qui suivent n'ont paru que long-temps après.

Je commence ma carrière
Par visiter mes tonneaux.
Ravi de revoir l'aurore,
Le verre en main je lui dis :
Vois-tu, sur la rive du Maure,
Plus qu'à mon nez, de rubis ?

Le plus grand roi de la terre,
Quand je suis dans un repas,
S'il me déclarait la guerre,
Ne m'épouvanterait pas :
A table, rien ne m'étonne,
Et je pense, quand je bois,
Si là-haut Jupiter tonne,
Que c'est qu'il a peur de moi.

Si quelque jour, étant ivre,
La parque arrête mes pas,
Je ne voudrais pas revivre,
Pour changer doux repas :
Je m'en irai dans l'Averne
Faire enivrer Alecton,
Et planterai ma taverne
Dans la chambre de Pluton.

De ce nectar délectable
Les démons étant vaincus,
Je ferai chanter au diable
Les louanges de Bacchus :
J'apaiserai de Tantale
La grande altération,
Et, passant l'onde fatale,
Je ferai boire Ixion.

Au bout de ma quarantaine,
Cent ivrognes m'ont promis
De venir, la tasse pleine,
Au gîte où l'on m'aura mis :
Pour me faire une hécatombe
Qui signale mon destin,
Ils arroseront ma tombe
De plus de cent brocs de vin.

De marbre, ni de porphyre,
Qu'on ne fasse mon tombeau ;
Pour cercueil je ne désire
Que le contour d'un tonneau,
Et veux qu'on peigne ma trogne
Avec ces vers à l'entour :
« Ci-gît le plus grand ivrogne
» Qui jamais ait vu le jour ».

ORIGINE DES SANTES.

CHANSON INÉDITE DU MÊME AUTEUR (1).

Sur le même air.

Plaignons le mourant Grégoire,
Grand jusqu'au dernier soupir ;
Son mal l'empêcha de boire
Du vin qu'il sut lui ravir :

(1) Elle fut long-temps attribuée à un nommé Verner, genevois ; cette supposition est erronnée.

Pour tout ivrogne malade,
Craignant cette extrémité,
Voulut qu'à chaque rasade
L'on portât une santé.

Pleurons ce cœur magnanime
Qu'eût dû respecter la mort ;
Mais quelle est l'âme sublime
Qui puisse éviter son sort ?
Et, sur sa tombe chérie,
Qu'on grave ce trait divin :
« Ci-gît dont toute la vie
« Ne fut qu'un seul coup de vin ».

Approchez, cœurs aquatiques :
Sa cendre fuit devant l'eau ;
Mais de vos faces étiques
Il rira dans son tombeau.
Des sentiments où nous sommes,
Qu'un chacun soit pénétré !
Où gît le plus grand des hommes,
Un dieu doit être adoré (1).

(1) Au bon vieux temps l'usage des santés était non-seulement du meilleur ton, mais encore d'une civilité obligatoire; aujourd'hui le *Toast* ou *Tost*, que nous tenons des Anglais, l'a généralement remplacé, sans pourtant que beaucoup de personnes connaissent l'anecdote qui lui donna lieu. Tost, en anglais, signifie *rôtir*; une maîtresse du roi d'Angleterre venait de se baigner ; un des courtisans avala, par galanterie, une tasse d'eau du bain de la déesse. Chacun en but à son tour; le dernier dit : je retiens la rôtie, faisant allusion à l'usage du temps de boire avec une rôtie au fond du verre. Origine du Tost anglais.

INVOCATION A L'AMOUR.

CHANSON

Faite en 1595,

PAR HENRI IV.

Viens, aurore,
Je t'implore ;
Je suis gai quand je te voi :
La bergère
Qui m'est chère
Est vermeille comme toi.

D'ambroisie,
Bien choisie.
Hébé la nourrit à part ;
Et sa bouche,
Quand j'y touche
Me parfume de nectar.

Elle est blonde,
Sans seconde ;
Elle a la taille à la main :
Sa prunelle
Etincelle
Comme l'astre du matin.

De rosée
Arrosée,
La rose a moins de fraîcheur ;
Une hermine
Est moins fine ;
Le lys a moins de blancheur.

Pour entendre
Sa voix tendre,
On déserte le hameau
Et Typire
Qui soupire
Fait taire son chalumeau.

Les trois Grâces,
Sur ces traces,
Font naître un essaim d'amours.
La sagesse,
La justesse,
Accompagnent ses discours.

LA BELLE GABRIELLE (1).

Par le même.

Charmante Gabrielle
Percé de mille dards
Quand la gloire m'appelle
A la suite de Mars :
Cruelle départie !
Malheureux jour !
Que ne suis-je sans vie,
Ou sans amour !

(1) Gabrielle d'Estrées, maîtresse célèbre d'Henri IV, morte, quelques-uns disent empoisonnée, en 1599, au moment d'épouser le roi.

L'amour, sans nulle peine,
N'a pas vos doux regards,
Comme un grand capitaine,
Mis sous ses étendards,

Cruelle départie, etc.

Si votre nom célèbre,
Sur mes drapeaux brillait
Jusqu'au delà de l'Ebre,
L'Espagne me craindrait.

Cruelle départie, etc.

Je n'ai pu, dans la guerre,
Qu'un royaume gagner;
Mais sur toute la terre
Vos yeux doivent régner.

Cruelle départie, etc.

Partagez ma couronne,
Le prix de ma valeur;
Je la tiens de Bellone :
Tenez-la de mon cœur.

Cruelle départie !

Bel astre que je quitte !
Ah ! cruel souvenir !
Ma douleur s'en irrite;
Vous revoir ou mourir.

Cruelle départie, etc.

Je veux que mes trompettes,
Mes fifres, les échos
A tous moments répètent
Ces doux et tristes mots.

Cruelle départie !
Malheureux jour,
C'est trop peu d'une vie,
Pour tant d'amour.

LE PHÉNIX.

PAR FRANÇOIS BUSSI D'AMBOISE (1).

AIR : Que ne suis-je la fougère ?

Oh ! qu'heureuse est ma fortune !
Oh ! combien est grand mon heur,
D'être seul retenu d'une
Pour fidèle serviteur !
Par sus toutes elle est vue
Pleine de grâce et beauté,
Et suis sûr qu'elle est pourvue
Beaucoup plus de loyauté.

(1) François de Bussi d'Amboise, fils de Jean d'Amboise, chirurgien des rois de France, François I, Henri II, François II, Charles IX et Henri III (seizième siècle), naquit à Paris en 1550 ; poète sous le pseudonyme de *Thierri de Timaphile*, gentilhomme picard ; fut conseiller d'état sous Henri III, qu'il avait accompagné en Pologne en 1604 ; mourut en 1620. On a de lui beaucoup de poésies dans ce genre.

O vous qui ne l'avez vue,
Voyez-la pour votre bien ;
Puis jugez, l'ayant connue,
L'heur que ce m'est d'être sien.
Mais la voyant si parfaite,
Gardez-vous bien un chacun ;
Car pour blesser elle est faite,
Et de tous n'en guérir qu'un.

LA CONSTANCE.

Par le président Hénault.

Air : Ne v'là-t-il pas que j'aime?

Il faut, quand on aime une fois,
    Aimer toute sa vie :
Le bonheur dépend d'un beau choix,
    Et j'ai choisi Sylvie.

Vénus, fléchissez sa rigueur,
    Son empire est le vôtre ;
Ses regards font plus sur un cœur
    Que les faveurs d'une autre.

(1) Charles-Jean François Hénault, président au parlement de Paris, surintendant de la maison de la reine, et ensuite de madame la dauphine, naquit à Paris le 8 février 1685 ; il fit ses études à l'Oratoire. remporta un prix à l'Académie française et aux jeux floraux en 1704 ; fût membre des académies de France, des inscriptions de Nancy. de Berlin et de Stockholm et mourut le 24 novembre 1770 à l'âge de 85 ans.

Un cœur qui se laisse charmer
    Goûte un bonheur suprême;
Le plaisir qu'on sent à s'aimer
    Ajoute à l'amour même.

Tout ce qu'on voit en ces beaux lieux
    Nous vante sa constance :
Les amours, même les plus vieux,
    Ont l'air de l'espérance.

Le même rameau, tous les ans,
    Revoit ses tourterelles :
Le bonheur de vivre constants
    N'est-il fait que pour elles ?

Pour Céphale on a vu couler
    Les larmes de l'Aurore :
Le Temps n'a pu la consoler :
    Elle en répand encore.

Le ruisseau, fidèle à son cours,
    Arrose la prairie;
Déjà, du fruit de leurs amours,
    Cette épine est fleurie.

A UNE DAME,

En lui envoyant une pierre antique.

PAR LE MÊME.

Air : Du haut en bas.

Sous ce cachet,
Tu peux m'écrire sans scrupule,
Sous ce cachet;
L'amour le fit pour le secret :
Il le grava du temps de Jule.
Lesbie (1) écrivait à Catule
Sous ce cachet.

LE PHILOSOPHE.

PAR PHILIPPE II, DUC D'ORLÉANS (*dit* le Régent).

Air : Pour vivre ici sans regret.

Pour vivre ici sans regret,
Amis, je sais un secret :
Toujours d'envie en envie
Je vais égayant ma vie;

(2) Lesbie, dame Romaine, maîtresse de Catule.

Je ris, je bois ;
Les plaisirs sont faits pour moi. [1]

La sagesse est un grand bien,
Dit un vieux qui ne peut rien ;
Mais en attendant cet âge,
Où je deviendrai si sage,
　Je ris, je bois ;
Les plaisirs sont faits pour moi.

S'il ne fallait que mourir,
A rien je n'irais courir ;
La mort de tout soin délivre ;
Mais, item, puisqu'il faut vivre,
　Je ris, je bois ;
Les plaisirs sont faits pour moi.

A table, comme au lit,
Je sais tout mettre à profit.
Sans qu'aucuns soins me traversent,
L'amour et Bacchus me bercent :
　Je ris, je bois ;
Les plaisirs sont faits pour moi.

Quand on est sans passions,
On vit sans tentations ;
Mais moi, qui ne suis pas dupe,
A succomber je m'occupe :
　Je ris, je bois ;
Les plaisirs sont faits pour moi,

(1) Cette chanson, et les deux qui suivent, sont tirées d'un recueil qui devait être publié sous le titre d'*Écho du parc aux cerfs*, et, qui n'ayant pas paru, furent imprimées pour la première fois dans le nouveau recueil de chansons choisies chez Gosse, à Lahaye, en 1781.

L'ÉPICURIEN.

L'austère philosophie,
En contraignant nos désirs,
Prétend que dans cette vie
Il n'est point de vrais plaisirs :

Je renonce à ce système ;
Dieux ! n'en soyez point jaloux !
Dans les bras de ce que j'aime,
Suis-je moins heureux que vous ?

Eh quoi ! m'avez-vous fait naître
Avec des sens superflus ?
Pour avoir le plaisir d'être
Faut-il que je ne sois plus ?
   Je renonce, etc.

D'un bonheur imaginaire
Je ne repais point mon cœur,
Lorsque le présent peut faire
Mon unique et vrai bonheur ;

Voilà quel est mon système :
Dieux ! devenez-en jaloux ;
Dans les bras de ce que j'aime
  Je suis plus heureux que vous.

LES DIFFÉRENTS ÉTATS.

Air : ET VOILA COMME L'HOMME, ETC.

Insensés ! nous ne voyons pas
Les chagrins des autres Etats,
Et nous voulons changer le nôtre
Souvent contre celui d'un autre,
A qui le sien déplaît autant ;
   Et voilà comme
      L'homme
   N'est jamais content.

Heureux est le petit Colet,
Dit le Marquis avec regret !
Mais sous cet habit qui le gêne
L'Abbé qui le porte avec peine,
Trouve son rôle rebutant ;
   Et voilà comme
      L'homme
   N'est jamais content.

Que le marchand fait de bons coups,
Dit le Rentier d'un ton jaloux !
L'autre dit que dans le commerce,
Tout le trahit, tout le traverse,
Qu'on ne voit plus d'argent comptant !
   Et voilà comme
      L'homme
   N'est jamais content.

L'hymen a-t-il joint, par ses nœuds,
L'Amant à l'objet de ses vœux :
L'Epouse perd sa bonne mine;
L'Epoux trouve chez la voisine
Je ne sais quoi de plus tentant :
    Et voilà comme
        L'homme
N'est jamais content.

Lorsqu'à Tircis, pour l'apaiser,
Cloris laisse prendre un baiser,
Il veut une faveur plus grande;
Plus il obtient, plus il demande,
Ses désirs vont en augmentant;
    Et voilà comme
        L'homme
N'est jamais content.

L'enfant voudrait devenir grand,
Le vieillard être adolescent,
La fille être femme et puis veuve,
La veuve se donner pour neuve,
La vieille fixer un amant;
    Et voilà comme
        L'homme
N'est jamais content.

(Musique et paroles du Régent.)

LES BONS ENFANTS.

CHANSON.

Air : Cadet Roussel est bon enfant.

Mes amis, je suis bon enfant :
Autrefois, par un trait mordant,
J'attaquais le sot, le méchant ;
Mais je veux me mettre à la mode,
Je veux suivre une autre méthode :
    Eh ! oui, vraiment,
Mes amis, je suis bon enfant.

Monsieur Caron est bon enfant,
C'est un médecin fort savant,
Maint héritier en est content.
De son voisin hier la femme
Avec son aide a rendu l'âme,
    Eh ! oui, vraiment,
Monsieur Caron est bon enfant.

Monsieur Duroc est bon enfant :
En comptant, suant, se courbant,
Il a gagné beaucoup d'argent.
Sa famille est dans la détresse,
Mais on voit briller sa maîtresse :
    Eh ! oui, vraiment,
Monsieur Duroc est bon enfant.

Monsieur Flambart est bon enfant :
Dans l'escrime il a du talent,

Il tue un homme en se jouant.
En a-t-il passé son envie,
Il se repent, il pleure, il crie :
  Eh ! oui, vraiment,
Monsieur Flambart est bon enfant.

Monsieur Grapin est bon enfant,
C'est un huissier compatissant;
Dans mon logis, quel trait charmant !
Il a, sensible à ma misère,
Laissé ma bouteille et mon verre.
  Eh ! oui, vraiment,
Monsieur Grapin est bon enfant.

Monsieur Mâlus est bon enfant :
Au sermon on le voit ronflant,
Au théâtre on le voit sifflant;
A l'Institut il rit ou bâille,
Jamais ne loue et toujours raille :
  Eh ! oui, vraiment,
Monsieur Mâlus est bon enfant.

Monsieur Doucet est bon enfant :
Quand du sort il est mécontent
Il bat sa femme et son enfant;
Mais s'il attrape de quoi frire,
Avec eux il se met à rire :
  Eh ! oui, vraiment,
Monsieur Doucet est bon enfant.

Monsieur Duplex est bon enfant :
C'est un journaliste plaisant,
De ma muse il parle en riant.

Un jour, dans mes œuvres complètes,
Il distingua deux chansonnettes :
   Eh! oui, vraiment,
Monsieur Duplex est bon enfant.

Chacun de vous est bon enfant :
Mes amis, je serai content,
Si de moi l'on en dit autant;
Que ma chanson soit applaudie,
Avec plus d'ardeur je m'écrie :
   Eh! oui, vraiment,
Chacun de vous est bon enfant.

Le chev. LABLÉE.

CHANSON BACHIQUE.

Air : Chansons, chansons.

Nargue de la mélancolie !
Toujours au banquet de la vie
   Rions, chantons;
Et si le chagrin nous obsède,
Mon conseil sera le remède :
   Buvons ! buvons !

A quoi bon si grande fortune ?
Trop de bien souvent importune,
   Quand nous vivons.
Après nous, dit-on, le déluge ;
Cet adage sera mon juge :
   Buvons ! buvons !

Lorsqu'une belle au doux sourire
Sait nous fixer sous son empire,
   Aimons, aimons.
Enivrons-nous d'amour sans cesse ;
Si la cruelle nous délaisse,
   Buvons ! buvons !

A table, qu'un artrabilaire
Exige que l'on soit austère,
   Rions, rions.
Mais s'il veut crier au scandale,
Pour faire trêve à sa morale,
   Buvons ! buvons !

Lorsque la parque meurtrière
Fera chanceler notre verre,
   Amis, partons.
Trinquons pour la dernière ronde ;
Mais avant de quitter le monde,
   Buvons ! buvons !

DE LA TOUR.

LA RECRUE.

COUPLETS A LA FEMME D'UN OFFICIER
Qui enrôlait des hommes pour son mari.

Air du Prévôt des Marchands.

Vous faites des soldats au roi
Iris, est-ce là votre emploi ?

Pour vous en épargner la peine,
Que l'on assemble seulement
Ceux qu'Amour met dans votre chaîne,
Et vous aurez un régiment.

J'y veux entrer, et que l'argent
Ne soit point mon engagement.
Je n'ai point l'âme mercenaire ;
D'un seul baiser faites les frais :
Enrôlé par ce doux salaire,
Je ne déserterai jamais.

Mais n'allez pas, pour contester,
A la taille vous arrêter :
Petit ou grand, cet avantage
A la valeur n'ajoute rien ;
C'est du cœur que part le courage :
Quand on aime on sert toujours bien.

Racine fils.

L'ORIGINE DE LA NOBLESSE.

Air de Joconde :

D'Adam nous sommes tous enfants,
   La preuve en est connue,
Et que tous nos premiers parents
   Ont mené la charrue :
Mais las de cultiver enfin
   La terre labourée,
L'un a dételé le matin,
   L'autre l'après-dînée.

Coulange.

Récit pour un Buveur que l'on prie de chanter, et qui n'en a pas l'habitude.

AU VIN QUI EST DANS SON VERRE.

Toi que j'aimai toujours d'une ardeur sans pareille,
   Toi de qui la couleur vermeille
   Eut toujours pour moi tant d'appas,
Perfide vin, ne te souviens-tu pas
Que brouillant l'autre jour ma tête et ma cervelle,
   Tu me fis perdre la raison?
   Par cette noire trahison
Devais-tu donc payer mon amour et mon zèle?
Parle..... Tu ne dis rien!... Tu te tais! En prison!

                Honoré ALBERT,
              de Saint-Florent-le-Vieil.

L'IVRESSE PHILOSOPHIQUE.

CHANSON DE TABLE.

Air de l'Incas.

Au gré de sa bonté céleste,
Laissant égarer mes désirs,
Sans mesurer ce qu'il en reste,
Je bois la coupe des plaisirs.

Fi de cette folle sagesse
Qui rapproche un malheur lointain!
Si demain doit finir l'ivresse,
Versez, amours, jusqu'à demain.

J'aime Néris à la folie,
Presque autant que la liberté;
Je la sais vive et trop jolie,
Et crois à sa fidélité.
Peut-être en secret la traîtresse
A mon rival promet sa main;
Si demain doit finir l'ivresse,
Versez, amours, jusqu'à demain.

Hélas! j'ai dit vrai; la coquette
De son hymen fait les apprêts;
Sous tes baisers, gentille Annette,
Viens faire expirer mes regrets :
Ce soir tu parles de tendresse,
Tu voudras de l'or au matin...
Si demain doit cesser l'ivresse,
Versez, amours, jusqu'à demain.

Au chagrin qui me suit en croupe,
Loin de céder avec effroi,
Je le fais boire dans ma coupe,
Et le chagrin rit avec moi.
Douce vendange de jeunesse,
Je ne veux point prévoir ta fin;
Si demain doit finir l'ivresse,
Versez, amours, jusqu'à demain.

Voici le jour; le ciel se dore;
Dans une heure il peut être noir,

Et parmi ceux qui voient l'aurore,
Combien ne verront pas le soir ?
Marchons sans crainte à la vieillesse,
Le trépas est sur le chemin ;
Si demain doit finir l'ivresse,
Versez, amours, jusqu'à demain.

Feu JENNEVAL.

GENEVIÈVE DE CANTELEU,
OU LA CÔTE DES DEUX AMANTS.

Ballade chevaleresque (1),

Par ROQUEFORT.

Air : N'avoir jamais qu'une pensée.

Sur les bords riants de l'Audelle,
Geneviève de Canteleu,
De son amant jeune et fidèle
Avait reçu le doux aveu :
Beaudouin était fait pour lui plaire,
Il était aimable et vaillant ;
Mais elle dépendait d'un père
Châtelain, avare et Normand.

---

(1) Un poëte du treizième siècle, *Marie de France*, a raconté la romanesque et touchante aventure qui a donné son nom au coteau d'Amfreville. Un savant antiquaire, *Roquefort*, a reproduit, dans sa naïve simplicité, le lai du barde français. *Ducis* lui même l'avait chanté en vers du dix-huitième siècle.
Nous empruntons à l'ouvrage de feu G. Nodier, la Seine et

Sous la bannière de Neustrie,
Suivant la fleur des chevaliers,
Avec Richard, dans la Syrie,
Beaudouin va cueillir des lauriers.
Puis il revient près de sa belle,
Comblé d'honneurs, léger d'argent ;
Son amour était pour elle,
Rien pour le châtelain normand.

La main de Geneviève est digne
De hauts barons, de puissants rois ;
Il faut, par quelque effort insigne,
Dit son père, fixer mon choix :

ses bords ; le récit de l'aventure qui a inspiré les vers qui précèdent. — « ..... Sur le petit revers du côteau où s'étendent
» maintenant les maisons rustiques d'Ampreville, se dé-
» ployaient jadis les hautes murailles d'un puissant château,
» dont les ruines ont disparu depuis long temps. Là regnait
» un tyran ; sa fille, d'une rare beauté, inspira une passion
» violente à un chevalier du voisinage qu'elle aimait. Le père
» de la demoiselle, voyant leur amour d'un œil défavorable,
» attacha à leur union une condition, dont les caprices féroces
» du pouvoir blasé expliquent à peine la brutale folie. Le che-
» valier ne devait obtenir le titre d'époux qu'après avoir, sans
» se reposer ni s'arrêter, porté son amante sur ses épaules,
» du pied de la côte au sommet, par le sentier rapide qui s'é-
» lève ondoiseusement vers le ciel. Rien n'étonne son cou-
» rage, rien n'affaiblit sa résolution. Il part..... Il est près
» d'arriver aux pavillons magnifiques élevés sur la plate-forme
» où les juges l'attendent pour le couronner ; tout-à coup il
» chancelle, il tombe ; la jeune fille le relève, et, voyant que
» ce n'est plus qu'un cadavre, elle le prend dans ses bras et se
» précipite avec lui du haut de la roche. Le vieux châtelain,
» accablé de douleur, fit élever sur la plate-forme une cha-
» pelle funéraire qui devint un vaste moutier, appelé le
» Prieuré des deux amants. »

Tu dois porter ta douce amie,
Sans t'arrêter un seul instant,
Sur cette colline fleurie
Où croît le fruit cher au Normand.

Beaudouin, dans son ardeur extrême,
Se livre au piège qu'on lui tend ;
Pour obtenir celle qu'il aime
Il atteindrait au firmament.
Le même désir les transporte,
Ils joignent leurs cœurs palpitants :
Beaudouin part, dans ses bras l'emporte
Sous les yeux de mille Normands.

Geneviève tremble, frissonne,
Beaudouin ne s'étonne de rien ;
L'amour encore est son soutien.
Bientôt sa force l'abandonne ;
Il arrive au but qu'il désire ;
Hélas ! il y tombe en mourant ;
De douleur Geneviève expire
Auprès du chevalier normand.

Pour calmer sa peine cruelle,
Et pour éterniser son deuil,
Le père élève une chapelle
Et les unit dans le cercueil.
Les jeunes gens du voisinage,
Au prieuré des deux amants
Vont jurer en pélerinage
D'aimer toujours... foi de Normands ! *

COUPLETS DE RECEPTION,

POUR UNE SOCIÉTÉ LYRIQUE.

Air : J'ai vu le Parnasse de dames.

Si l'on en croit la médisance,
Le bon goût, l'esprit, la gaîté,
Trop longtemps négligés en France,
En ont ensemble déserté ;
Mais le censeur qui nous outrage
En se déchaînant contre nous,
Changerait bientôt de langage
S'il était admis parmi nous.

Comme ici règne la franchise,
J'ai cru pouvoir m'y présenter,
En adoptant pour devise :
Aimer, rire, boire et chanter.
Oui, messieurs, vous pouvez m'en croire,
Toujours fidèle au rendez-vous,
Vous verrez que pour rire et boire,
Je puis figurer parmi vous.

De l'amour chérissant l'empire,
Vous aimez un minois charmant ;
Vous faites tout pour le séduire :
Eh ! qui n'en ferait pas autant ?
Etes-vous chéris d'une belle ?
Vous baîsez ses mains, ses genoux ;
Et., ce que vous faites près d'elle,
Messieurs, je le fais comme vous.

Cédant au dieu qui vous inspire,
Sans fiel et sans méchanceté,
Tout ici bas vous prête à rire,
Tout excite votre gaîté;
Vous riez, aimables apôtres,
Des prudes, des sots, des jaloux;
Ah! je devrais être des vôtres,
J'en ris tous les jours comme vous.

On vous connaît pour de bons drilles;
On sait qu'en francs et gais lurons
Vous courtisez les jeunes filles,
Et videz fort bien les flacons.
Lorsque le plaisir vous rassemble,
Bacchus peut vous applaudir tous,
Je le sais; et pourtant je tremble,
Messieurs, de boire mieux que vous.

Mais chacun de vous va me dire,
Et j'en éprouve des regrets,
C'est peu d'aimer, de boire et rire,
Il faut encor de *bons couplets*.
Ah! je ferai comme tant d'autres,
Qui d'être applaudis sont jaloux,
Messieurs, je chanterai les vôtres,
N'en pouvant faire autant que vous.

Par Belle aîné.

LE BON CONSEIL,

Chanson bachique,

Par Alfred Guichard.

Air de Joconde.

Du vin je suis toujours charmé ;
  Quelle que soit ma haine,
Lorsque je ne suis point aimé
  Je soulage ma peine ;
Mais lorsque je plais, par bonheur
  A celle que j'adore,
Loin de ralentir mon ardeur,
  Je la redouble encore.

Ecoute, amant triste et jaloux,
  Ce que je te conseille :
Tu n'aimes pas plus des yeux doux
  Que j'aime ma bouteille ;
Ainsi que je la traite, apprends
  A traiter ta bergère ;
Je la quitte dès que je sens
  Qu'elle devient légère.

LES VENDANGES.

Air : Franc épicurien, gai vaurien, etc.

Refrain.

Offrons à Bacchus,
 Aux vertus
 De son jus
 Des louanges ;
Voici les vendanges :
 Nous rirons,
  Boirons,
  Chanterons,
 Danserons ;
 Nous serons
 Bons lurons
 Francs et ronds.

Accourez tous, jeunes garçons,
Maris, mamans, enfants, tendrons,
Et vous aussi, gais biberons,
Venez ; la vendange s'apprête :
Pour nous quel plaisir ! quelle fête !
 Gaîment je répète :
 Offrons à Bacchus, etc.

L'hiver amène des glaçons,
Mais au printemps nous renaissons ;
En avant, joyeuses chansons !

Chantons ce doux nectar d'automne;
Tour à tour que chacun fredonne
　　Devant une tonne :
　　Offrons à Bacchus, etc.

Surtout bannissons les chagrins
En répétant un gai refrain,
Et savourant ce jus divin;
Car moi, pour chasser l'humeur noire,
Le vin m'assure la victoire;
　　Toujours je veux boire :
　　Offrons à Bacchus, etc.

Bacchus sera toujours vainqueur :
Par les attraits de sa liqueur
Nous captiverons plus d'un cœur;
Oui nous obtiendrons tout des belles;
Nous triompherons des rebelles :
　　Non, plus de cruelles !
　　Offrons à Bacchus, etc.

Quand viendra la fin de mes jours,
Je veux mourir chantant toujours
Bacchus, le plaisir, les amours;
Que, pour dernière besogne,
Un vin de Beaune ou de Bourgogne
　　Rougisse ma trogne :
　　Offrons à Bacchus, etc.

　　　　　　　　　Joseph LEGRAND.

CHANSON A BOIRE.

Par J. M. Deschamps.

Air du vaudeville du Jockei.

Chanter Bacchus n'est pas nouveau,
Depuis deux mille ans c'est l'usage;
Mais le modeste ami de l'eau
D'un couplet n'eut jamais l'hommage.
Pourtant la coupe d'Apollon
N'est pas la coupe de Silène;
On sait bien qu'au sacré vallon
On ne boit que l'eau d'Hypocrène.

Dans ce bosquet suivez mes pas,
Voyez-y cette source pure;
Le pressoir qui gémit là-bas
Vaut-il le ruisseau qui murmure?
Si l'on trouve au fond du tonneau
Des peines l'oubli salutaire,
Mes amis, c'est au sein de l'eau
Que des plaisirs naquit la mère.

Par mille souvenirs sacrés,
Que d'attraits s'y sont admirés!
Que de fleurs y sont réflétées!
Vers leur lit je cours me baisser,
Et sans regretter les Ménades,
De mes lèvres je crois presser
Ce qui sert de voile aux Naïades.

Maître Adam, j'aime tes couplets ;
Mais tu veux qu'à force de boire
Le vin me doublant les objets,
Trouble ma vue et ma mémoire :
Chez nous souvent sans ce moyen,
Ma foi, tout paraît assez trouble ;
Et ce que l'on voit suffit bien,
Sans qu'il soit besoin d'y voir double.

Il n'est plus cet âge divin,
Ce temps de Saturne et de Rhée.
Où d'eux-mêmes les flots de vin
S'offraient à la bouche altérée.
Dieu de la treille, c'est Plutus
Qui seul presse ta main féconde ;
Le vin n'est que pour ses élus,
L'eau coule encor pour tout le monde.

LE JUS DE LA TREILLE.

Chanson bachique, par SCARRON*.

Air connu.

Le jus de la treille
   Réveille
L'amour dans les cœurs ;
Sa liqueur puissante
   Augmente
Les tendres ardeurs.

(1) Paul Scarron naquit à Paris en 1610. A l'âge de 27 ans, un accident déplorable lui ôta l'usage de ses membres : il se

Verse, ami Grégoire,
    A boire
De ce jus charmant ;
Je sens que mon âme
    S'enflamme
A chaque moment.

Je vois ma charmante
    Riante
Quand elle a du vin ;
Vite, pour lui plaire,
    Un verre
De ce jus divin.

A force de boire
    Victoire
Marche sur mes pas,
Puisque ma Climène
    Sans peine
Tombe entre mes bras.

mit dès lors à travailler pour le théâtre, inventa un genre de poésie burlesque qui lui valut de la reine Anne d'Autriche une pension de 500 écus. En 1652, il épousa mademoiselle d'Aubigné, connue depuis sous le nom de madame de Maintenon, et mourut en 1669. Il est l'auteur de l'*Énéide travestie*.

CONSEIL D'UN BUVEUR.

CHANSON DE TABLE.

Armé d'une triple bouteille,
D'Iris je bravais les attraits,
Lorsqu'Amour, qui sans cesse veille,
La renverse de ses traits :
Pour venger le jus de la treille
D'Iris j'en fis de même après.

Amants, si vous voulez m'en croire,
Vengez-vous ainsi de l'Amour :
Si sur vous il a la victoire,
Vous l'obtiendrez à votre tour ;
Amusez-vous souvent à boire,
Pour lui jouer le même tour.

Par le même.

LES COMMANDEMENTS

DE GRÉGOIRE.

Air : Amis, dépouillons nos pommiers.

Chers amis, j'arrive un peu tard,
Mais qu'à cela ne tienne ;
Reste-t-il encor du Pomard ?
Je risque mon antienne...

Le verre en main
Lançant mon refrain,
En vrai fils de Grégoire,
Avant de tonner
Je veux entonner...
Versez-moi donc à boire !

Ma perruque et mon habit noir,
Mon air sombre et sinistre,
Vous font-ils assez entrevoir
Que je quitte un ministre ?
Fier de son appui,
Je comptais sur lui,
Comme sur mon mémoire...
Mais pour oublier
Qu'il l'a fait rayer,
Versez-moi donc à boire !

Pour chasser de mon souvenir
Une idée importune,
Et pour m'aider à soutenir
Les jeux de la fortune ;
D'un objet haï,
D'un secret trahi,
Pour perdre la mémoire.
Et jusqu'au tombeau
Pour voir tout en beau,
Versez-moi donc à boire !

Je respecte les médecins,
J'honore leur science,
Mais il est des remèdes sains
Dont j'ai la connaissance :

Bien portant ou non,
Grégoire est mon nom,
Docteurs, il faut m'en croire;
Au lieu de julep,
Exprimant un cep,
Versez-moi donc à boire !

Fraîche et belle comme le jour,
Je vais revoir ma Rose;
Pour lui parler de mon amour
Il faut que je m'arrose :
Près d'elle une fois
Je restai sans voix,
Ce n'est pas à ma gloire;
Mais je veux ce soir
Combler son espoir...
Versez-moi donc à boire !

Qu'un chanteur aille en détonnant
Contre le goût qu'il prêche,
Je ne vois rien là d'étonnant,
S'il a la gorge sèche;
Pour qu'en *Momusien* *
Je distingue bien
La blanche de la noire,
Et pour que mes sons
Sauvent mes chansons,
Versez-moi donc à boire !

M. Etienne JOURDAN.

(1) Cette chanson fut chantée aux soupers de Momus

PLUTOT DEMAIN QU'AUJOURD'HUI.

Air de Maître Adam (de C. Gille).

Pour enchaîner la Fortune
Chacun use ses instants ;
On suit la règle commune,
Mais toute chose a son temps ;
Car, au bruit joyeux des verres,
Je répondrais à celui
Qui me parlerait d'affaires :
Plutôt demain qu'aujourd'hui !

De l'amour l'heureux prestige
Entoure tes jeunes ans ;
Vois : autour de toi voltige
L'essaim léger des amants ;
Souviens-t'en, pauvre petite,
Le plaisir cède à l'ennui ;
La rose passe si vite !
    Plutôt, etc.

Grands possesseurs de richesses,
Montrez-vous bons, généreux ;
Le pauvre, par vos largesses,
Pourrait se trouver heureux.
Pressez-vous de votre frère
A vous déclarer l'appui,
Loin de dire à sa misère :
    Plutôt, etc.

Du gai banquet de la vie,
Mes amis, charmons le cours;
Chez nous fixons la Folie,
L'Amitié, les vrais Amours.
Quand la Mort viendra nous dire
Que nos derniers-jours ont lui,
Répondons par un sourire :
　Plutôt, etc.

　　　　　　　Alexandre TAILLAND.

L'EPICURIEN.

Air connu.

Je suis né pour le plaisir :
Bien fou qui s'en passe!
Mais je ne puis le choisir,
Souvent le choix m'embarrasse.
Aime-t-on? j'aime soudain;
Boit-on? j'ai le verre en main :
Je tiens partout ma place.

Dormir est un temps perdu :
Bien fou qui s'y livre!
Sommeil, prends ce qui t'est dû,
Mais attends que je sois ivre :
Saisis-moi dans ce moment,
Fais-moi dormir promptement,
Je suis pressé de vivre.

Mais si quelqu'objet charmant,
Dans un songe aimable,
Vient, du plaisir séduisant,
M'offrir l'image agréable,
Sommeil, allons doucement :
L'erreur est en ce moment
Un plaisir véritable.

D'Haguenier.

LE PHILOSOPHE.

Air de Roger Bontemps.

On use sa cervelle
Pour un pauvre couplet ;
Pour l'amour d'une belle
On use son budget ;
Tout cela, je vous prie,
Vaut-il chair et bon vin ?
J'use bien de la vie,
Je puis finir demain.

A table je me livre
A l'examen jaloux
Des bons vins dont m'enivre
Le fumet le plus doux :
Chaque plat me convie
A l'attaquer soudain.

    J'use, etc.

J'ai fait du mariage
Une épreuve, et je crois
Que c'est être peu sage
D'y revenir deux fois.
J'aime nouvelle amie
Du soir jusqu'au matin.
   J'usé, etc.

Qu'on aime de la gloire
Le concours menaçant,
Moi je préfère boire
C'est bien plus attrayant :
De briller la manie
N'entre pas dans mon sein.
   J'use, etc.

Vous qui de la fortune
Enviez la faveur,
Je laisse une lacune
Entre vous et mon cœur.
Sans haine et sans envie
Je poursuis mon chemin.
   J'use, etc.

Heureux qui sur sa route
Rencontre le plaisir !
Pour moi, coûte que coûte,
Je dis : Sachons jouir.
Que la philosophie
Me guide par la main.
   J'use, etc.

              TROISVALLETS,
Président de la Société des Lutins.

BACCHUS ET L'AMOUR.

CHANSON DE TABLE.

Air : Un jour que je soupirais.

Bacchus me sert à merveille,
Il chasse tous mes ennuis ;
Philis me dit à l'oreille :
Nous aurons de douces nuits ;
   Point de choix :
Si je quittais l'un pour l'autre,
   J'en mourrais.

Je ne mets point de divorce
Entre Bacchus et l'Amour ;
Tant que j'en aurai la force,
J'en userai tour à tour ;
   Point de choix :
Si je quittais l'un pour l'autre,
   J'en mourrais.

Je boirai, quoi qu'il en coûte,
Du vin, tant vieux que nouveau :
Cher ami, tu crois sans doute
Que j'y vais mettre de l'eau :
   Je ne saurais ;
Si j'en mettais une goutte,
   J'en mourrais.

G. VERRY.

CHANSON DE TABLE.

PAR PHILIPON DE LA MADELEINE (1).

Air : Buvons à tirlarigo.

Aimable gaîté du vieux temps,
  Toi, qu'on ne voit plus guères,
Viens nous rendre ces doux instants
Où tu charmais nos pères.
    C'est au cabaret
    Qu'était le secret
De leur joyeux système.
  Ah! pour être heureux
  Comme nos aïeux,
Amis buvons de même.

Que vois-je en nos cafés brillants?
  Une triste cohue
Qui raisonne à perte de temps,
  Comme à perte de vue.
    Point de jolis vins,
    Point de ces refreins
Dont le sel nous réveille.
    Le dieu des bons mots,
    Né parmi les pots,
Tient sa cour sous sa treille.

Nos pères, comme nous, avaient
  Du bruit dans leurs ménages;

---

(1) Philipon de la Madeleine est auteur d'un dictionnaire des rimes très estimé, et fut membre des académies de Besançon et de Lyon.

Nos pères, comme nous, trouvaient
　Des maîtresses volages.
　Dans un cœur jaloux,
　　Le café chez nous
Du noir double la dose.
　　Chez eux on ne voyait,
　　Grâce au vin clairet,
Tout en couleur de rose.

D'où vient l'anglais est-il chez soi
　Si rêveur et si sombre?
Avec la Tamise pourquoi
　　Ses rendez-vous sans nombre?
　　Il est échauffé
　　De thé, de café,
De rhum, de rack, de bière.
　　Mais toujours les jeux,
　　Près d'un vin mousseux,
Font flotter leur bannière.

En vain, on dit que du bonheur
　La sagesse est suivie :
Comparez le sage au buveur;
　Qui des deux fait envie?
　　L'un rit, chante et boit;
　　A l'autre on ne voit
Qu'un air triste, un teint blême.
　　Ah! pour être heureux
　　Comme nos aïeux,
Amis, buvons de même.

LE DOUX JUS DE LA TONNE.

CHANSON BACHIQUE.

Par Chozet.

Air : du curé de Pomponne.

Que chacun au Pinde à son tour
    Dispute la couronne ;
Que celui-ci chante l'amour
    Et celui-là Bellone :
Moi je veux chanter l'effet
      Que fait
Le doux jus de la tonne.

Diogène dans son tonneau,
    En vain crie et raisonne,
Pour tout régime il est à l'eau ;
    L'eau ne grise personne :
Chacun préfère l'effet
      Que fait
Le doux jus de la tonne.

Entre amis, souvent on s'aigrit,
    A tort on se soupçonne ;
Puis on se met à table, on rit !
    On boit, on se pardonne ;
Et l'humeur cède à l'effet
      Que fait
Le doux jus de la tonne.

Harpagon va voir
  Chaque soir
Sa cassette mignone ;
Ivre, il voit des écus
  De plus,
Oh, que la nuit est bonne !
Son bonheur vient de l'effet
  Que fait
Le doux jus de la tonne.

Thersite, à l'aspect du trépas,
  De peur tremble et frissonne ;
Tout le courage qu'il n'a pas,
  Chambertin le lui donne :
Sa valeur vient de l'effet
  Que fait
Le doux jus de la tonne.

D'aï le vin délicieux
  Mousse, fume et bouillonne ;
C'est un esclave tout honteux
  Du joug qui l'emprisonne :
Libre, il nous prouve l'effet
  Que fait
Le doux jus de la tonne.

Bacchus qui fait mûrir pour nous
  Les présents de l'automne,
Sut, au bruit de ses doux
  Gloux gloux,
Contenter Érigone ;
Et l'on voit par là l'effet
  Que fait
Le doux jus de la tonne.

Mais à des transports imprudents
A tort je m'abandonne :
Pour couvrir les sons discordants
De ma voix qui détonne,
Chantez avec moi l'effet
Que fait
Le doux jus de la tonne.

CHANSON DE TABLE.

PAR PHILIPON DE LA MADELEINE.

Air : Eh! gai, gai, gai, mon officier.

Chantons, buvons ; ce n'est qu'ici
Que la vie
Est folle
Chantons, buvons ; ce n'est qu'ici
Qu'on nargue le souci.

Une onde fugitive,
Voilà notre destin
Mais le ciel sur la rive
Fait croître le raisin.
Chantons, buvons, etc.

Peine, ennui, jalousie,
Assiégent nos foyers ;
Mais, ici, l'on oublie
Jusqu'à ses créanciers.
Chantons, buvons, etc.

Laissons un dieu volage
Amuser des enfants;
On n'aime qu'au bel âge,
On boit dans tous les temps.
Chantons, buvons, etc.

Trois valses, à Cythère,
Epuisent un danseur;
Vider vingt fois son verre,
N'est rien pour un buveur.
Chantons, buvons, etc.

Combien d'heures chagrines
Suivent les doux ébats!
La rose a des épines,
Le pampre n'en a pas.
Chantons, buvons, etc.

Belles, qu'Amour condamne
A de tendres langueurs,
Imitez Ariane,
Bacchus sécha ses pleurs.
Chantons, buvons, etc.

Garde, fils de Latone,
Tes neuf sœurs, ton ruisseau;
J'ai pour muse Erigone,
Pour Parnasse, un caveau.
Chantons, buvons, etc.

LE JEUNE VIEILLARD

ou

LES CONSOLATIONS.

Chanson de table.

Air : Tout le long, le long de la rivière.
A peine ai-je trente printemps,
On me donnerait soixante ans ;
Trop tôt, je crois, j'aimai les belles ;
J'en trouvai trop peu de cruelles ;
Inconstant, je voulais toujours
Changer de plaisirs et d'amours.
Jeunes beautés ne pouvant plus vous... plai-
           re,
J'aime à caresser ma bouteille et mon verre,
Caresser ma bouteille et mon verre.

Vrai rossignol on me citait,
Quand je chantais on m'écoutait ;
Bravo ! s'écriait l'assemblée :
Ma voix maitenant est voilée ;
Je n'ai point oublié les airs
Mais je les dis tout de travers.
Mauvais chanteur, n'ayant plus l'art de plaire,
J'aime à caresser ma bouteille et mon verre,
Caresser ma bouteille et mon verre.

Grâce au temps je suis moins léger,
De goûts je ne veux plus changer ;

Jadis je chérissais la danse,
Sans cesse j'étais en cadence;
J'avais un jarret vigoureux,
La goutte m'a rendu boiteux.
Et comme un bal est peu fait pour me plaire,
J'aime à caresser ma bouteille et mon verre,
Caresser ma bouteille et mon verre.

J'eus beaucoup d'érudition,
Beaucoup d'imagination,
De moi, chaque œuvre était sublime,
Maintenant je rate... une rime;
Et si je parle de Rousseau,
Je cite les vers de Boileau;
Aux doctes sœurs n'ayant plus l'art de plaire,
J'aime à caresser ma bouteille et mon verre,
Caresser ma bouteille et mon verre.

Autrefois le jeu m'a séduit,
Et l'appât du gain m'a conduit.
Cette passion trop commune,
Dans peu détruisit ma fortune;
Mais j'agis bien plus sagement,
Depuis que je suis sans argent.
Pauvre, le jeu n'est plus fait pour me plaire,
J'aime à caresser ma bouteille et mon verre,
Caresser ma bouteille et mon verre.

Vrai spadassin et grand chasseur,
Je passais pour un bon tireur.
Mais au bras droit une blessure
M'empêche d'avoir la main sûre;
Et quand un but m'est présenté,

Je tire toujours... à côté.
Cet exercice est peu fait pour me plaire,
J'aime à caresser ma bouteille et mon verre,
Caresser ma bouteille et mon verre.

Je voulus tâter de l'hymen,
Et d'une Agnès j'obtins la main;
Elle était jolie, agaçante,
Chacun la trouvait séduisante,
De mes droits j'usai... sobrement;
On me quitta pour un amant.
Le mariage est peu fait pour me plaire,
J'aime à caresser ma bouteille et mon verre,
Caresser ma bouteille et mon verre.

P. J. CHARRIN.

LES DROITS RÉUNIS.

(CHANSON DE TABLE.)

Air : du vaudeville de Jean Monet.
Assez d'auteurs qu'on renomme,
Ont célébré, dans leurs chants,
Droits canons et droits de l'homme,
Droit du plus fort, droit des gens,
  Droit divin,
  Droit romain,
Droit écrit, droit de la guerre;
Mais quant à moi je préfère,
A table avec mes amis,
Chanter les droits réunis.

Autrefois le droit d'aînesse
Eut bien quelques partisans :
Il procurait la richesse,
Il suppléait aux talents.
　　　Esaü
　　　L'a vendu
Pour certain plat de lentilles;
Mais près des femmes gentilles
Droit d'aînesse, mes amis,
Fait tort aux droits réunis.

Il fut un droit en usage,
Par nos aïeux inventé
C'était le droit de jambage
Qu'on avait sur la beauté,
　　　Droit, charmant,
　　　Pour l'amant!
C'est toi seul que je regrette;
Ah! pour nous, quel jour de fête,
S'il comptait, mes chers amis,
Parmi nos droits réunis.

P. A.

JE SUIS FORT CONTENT
D'ÊTRE AU MONDE.

Air du vaudeville de l'Avare et de son ami,

ou

Dans la chambre où naquit Molière.

Ah! que je plains l'être morose,
Qui n'est jamais content de rien!

Moi, je vois toujours tout en rose,
J'existe et je m'en trouve bien.
Je sais sur la machine ronde
Que l'on a du mal très souvent ;
Mais moi qui suis un bon vivant,
Je suis fort content d'être au monde.

Il est prouvé que l'existence
Est le plus doux présent des dieux ;
Et pourtant, j'en frémis d'avance
Nous irons... où sont nos aïeux.
Là ce n'est que l'airain qui gronde,
On est plus heureux qu'ici-bas ;
Mais comme l'on n'en revient pas
Je suis fort, etc.

Rien ne peut corriger les hommes,
On a tout avec de l'argent ;
Hélas ! dans le siècle où nous sommes,
La justice même se vend,
Flattez, intriguez à la ronde,
La fortune vous sourira,
Pour voir quand cela finira,
Je suis fort, etc.

Quand un sot vient me faire lire
Des drames à représenter,
Je suis, hélas ! je dois le dire,
Presque mécontent d'exister.
Mais lorsque j'entends une ronde,
Un gai refrain, une chanson
De Collé, Pannard ou Piron,
Je suis fort, etc.

Se croyant aimé de Clycère,
Et trop facile à s'abuser,
Un riche et vieux célibataire
Veut absolument l'épouser.
Chez elle déjà tout abonde,
Voitures, bijoux, revenus :
Ah ! pour voir un... *mari* de plus,
Je suis fort, etc.

Tant que la gaîté salutaire,
Mes amis, régnera chez nous ;
Tant qu'aux femmes nous saurons plaire,
Qu'on pourra faire des jaloux ;
De cette liqueur rubiconde,
Tant qu'à table on me versera,
Mon refrein favori sera :
Je suis fort, etc.

BELLE aîné.

CHANSON DE TABLE (1).

Air : A soixante ans.

Gai montagnard, de mes pipeaux champêtres
J'avais à peine essayé quelques sons ;
J'abandonnai ma montagne et mes maîtres,
Pour voir Paris qu'invoquaient mes chansons.

(1) Cette chanson est extraite de *la Table*, journal culinaire publié par l'élite de la société gastronomique de Paris, et édité par M. Victor Bouton, rue Montmartre, 55.

Pour tout trésor j'emportais l'espérance,
Tant je rêvais un grenier pour séjour !
A vingt-un ans qu'importe l'indigence ?
Enivrons-nous et de gloire et d'amour.

Vive la joie ! Une maîtresse folle,
Fraîche et jolie, à mon cœur vint s'offrir :
J'avais besoin de sa nouvelle école ;
J'ai profité des leçons du plaisir.
Libre avec elle, et joyeux sous ma chaîne,
Je brave tout, et la ville et la cour,
Dans un baiser je sens mourir ma haine :
Enivrons-nous et de gloire et d'amour.

L'AÏ m'exalte ; ô ma belle maîtresse,
Autour de nous quel trouble et quel frisson !
— Viens sur mon cœur illustrer ton ivresse :
Qui loin de moi t'inspire un plus doux son ?
— N'entends-tu pas quatre voix en démence ?
— Le coq s'éveille aux premiers feux du jour !
— Non, l'étranger menace encor la France ;
Enivrons-nous et de gloire et d'amour.

— Ingrat ! dit Lise en pleurant, sur ma lyre,
Fuir loin de moi, myrte, rose et gaîté !
Mon doux baiser endormait ta satire ;
Mon cœur a mis aux fers ta liberté ;
Mais sur ma coupe, où ta lyre est captive,
Et sur ma bouche endormi tour à tour,
J'ornai de fleurs ta vie, ô gai convive !
Enivrons-nous et de gloire et d'amour.

Non, non, je pars ; adieu ! sois-moi fidèle !
— Le vin l'emporte ! — O trépas glorieux !

— Quel doux transport l'assoupit! Il chancelle,
De volupté tombe, et ferme les yeux.
Meurs sur le sein de ta beauté chérie!
Si l'avenir te berce, ô troubadour!
Vide ma coupe, et rêve à ta patrie;
Enivrons-nous et de gloire et d'amour.

RONDE DE TABLE.

Air : Du prévôt des marchands.

Messieurs, chantez tous avec moi
Celui qui donne ici la loi :
Quand il sert de ce jus d'automne,
Son plaisir dans ses yeux se voit;
Il est charmé, quand il en donne;
Il est charmant, quand il en boit.

Quand il sable un nectar si doux,
Et qu'il nous en fait boire à tous,
A ce plaisir il s'abandonne;
Il en fait prendre, il en reçoit.
   Il est charmé, etc.

Il verse de la même main
Ses bienfaits, ainsi que son vin,
Et sa bonté tendre assaisonne
Les biens, le vin qu'on en reçoit.
   Il est charmé, etc.

Aux plaisirs de la table il joint
Ceux dont je fais mon second point;
Au cœur d'une jeune personne
Par ce nectar il va tout droit.

   Il est charmé, etc.

Par un salut universel
Célébrons ce charmant mortel;
De nous il est temps qu'il reçoive
Le bachique honneur qu'on lui doit.
Il est charmé que l'on en boive,
Il est charmant quand il en boit.

Par COLLÉ.

DEMANDE D'ADMISSION
AU BANQUET D'UNE SOIRÉE LYRIQUE.

Air du Petit Matelot,

Ou : C'est dans les plaines de Champagne.

J'ai toujours aimé, je m'en pique,
Le bon vin et les bons couplets :
Voilà, messieurs, mon titre unique
Pour être admis à vos banquets.
En ma faveur pour qu'on décide,
J'ai moins de voix que d'appétit;
Je chante comme un invalide,
Mais je mange comme un conscrit.

Si ma requête est accueillie,
Que de plaisir je me promets!
Joyeux enfants de la folie,
Vivent votre esprit et vos mets!
Vous buvez, dit-on, à merveille,
Et vous faites de jolis vers :
Tant mieux! chez vous j'aurai l'oreille
Et le gosier toujours ouverts.

M. F. P. A. Léger.

JE SUIS ROND.

RONDE.

Air : Verse encor,

Ou : Mes amis, trinquons.

Refrain.

Je suis rond, bien rond, bien rond, tout rond,
J'arrondis en luron
Ma panse respectable;
Je suis rond, bien rond, bien rond, tout rond,
Et le dieu de la table
Est mon joyeux patron.

Brillant et vermeil,
En s'échappant de l'onde,
Lorsque le soleil
Dissipe mon sommeil,
Bacchus me voit prompt
A briser une bonde,

Et gai biberon,
Je dis comme Piron,
Je suis rond, etc.

Quels riches présents,
Comus, tu nous destines?
Ils flattent nos sens,
Nos appétits naissants :
Au bruit du chaudron
J'entonne pour *Matines*,
Quand je vois de front
Trente mets environ :
Je suis rond, etc.

Plus gai que Scarron,
Dont la burlesque veine
Narguait Cicéron
Et Virgile Maron,
L'heureux bûcheron
Qui vit exempt de peine,
Dit, loin du clairon
D'un poudreux escadron :
Je suis rond, etc.

Ne le voit-on pas?
Tout est rond dans ce monde :
Les tonneaux, les plats,
Les plus jolis appas.
Puisque tout est rond
Sur la machine ronde,
Avec son tendron
Que chacun chante en rond
Je suis rond, etc.

Si le destin rompt
De mes beaux jours la trame,
J'irai, leste et prompt,
Voguer sur l'Achéron ;
Loin d'être poltron,
Je veux, en rendant l'âme,
Dire au vieux Caron,
La main sur l'aviron :
Je suis rond, etc.

   Par Casimir-Ménestrier.

LES QUESTIONS.

CHANSON DE TABLE.

Air du vaudeville de l'Intrigue sur les toits.

Lorsque nous nous trouvons à table,
Buvons et rions tour à tour ;
Sommes-nous près de femme aimable ?
Mes amis, faisons-lui la cour ;
Chez nous enchaînons la folie,
Fuyons les sots, les ennuyeux,
Recherchons l'homme de génie :
Que pourrions-nous faire de mieux ?

Les uns nous disent à la ronde :
La brune seule doit charmer ;
Les autres pensent que la blonde
Davantage sait enflammer.

Sans établir de parallèle,
Moi, je les aime toutes deux ;
Mais je préfère la plus belle :
Que pourrais-je faire de mieux ?

L'autre jour, à l'Académie
J'entrai ; j'avais l'esprit content ;
La salle était fort bien garnie,
On devait entendre un savant.
Pendant son discours, le brave homme
Voyant chacun fermer les yeux,
Finit aussi par faire un somme :
Que pouvait-il faire de mieux ?

Un auteur sans goût, sans génie,
Désirant avoir mon avis,
Vint me lire une tragédie ;
Je l'écoutai, puis je lui dis :
Tenez, renoncez à la rime ;
Vos vers par fois sont très heureux ;
Mais..... faites une pantomime :
Que pouvais-je dire de mieux ?

Bravant les hasards de la guerre,
J'ai vu la superbe Moscou,
Et j'ai vu notre armée entière
S'en aller vous savez bien où ;
Moi, j'ai sauvé, je m'en étonne,
Mes jambes, mes bras et mes yeux,
En un mot, toute ma personne :
Que pouvais-je faire de mieux ?

Amateurs de la bonne chère,
Convenez, joyeux chansonniers,

Que les dieux, s'ils venaient sur terre,
Se nourriraient chez Beauvilliers (1).
  sa santé, mes chers confrères,
Tant qu'il aura de ce vin vieux;
Remplissons et vidons nos verres :
Que pourrions-nous faire de mieux ?
                    M. BELLE aîné.

LE DÉPART ÉPICURIEN,

Parodie

DU CHANT DU DÉPART.

Par Alex. *Buffi*.

Air : La victoire, en chantant, nous ouvre, etc.

UN BON VIVANT.

Pour bien boire en chantant allons à la barrière,
  Le vrai plaisir guide nos pas;
Et du nord au midi la cloche avant-courrière
  A sonné l'heure des repas :
    Musiciens, préparez la danse,
    Traiteurs, apprêtez vos fricots;
    Le peuple laborieux s'avance,
    Garçons, descendez aux caveaux.

    La franche gaîté nous appelle,
    Sachons boire et nous divertir;
    Un luron doit vivre pour elle,
    Sans elle il vaudrait mieux mourir.

(1) Célèbre restaurateur.

UNE MÈRE DE FAMILLE.

De nos yeux maternels loin de verser des larmes,
    Nous prenons part à vos douceurs,
Nos cœurs sont satisfaits quand vous goûtez ces charmes ;
    C'est au sage à verser des pleurs :
    Dignes soutiens de l'industrie,
    Aimez-la toujours comme nous,
    Vos travaux sont à la patrie,
    Et les plaisirs restent pour vous.

    La franche gaîté, etc.

DEUX VIEILLARDS.

Que le verre fraternel orne la main des braves,
    Buvez à nous, fameux gaillards,
Oubliez dans le vin les chagrins, les entraves,
    Comme font encore vos vieillards,
    Etant rangés sous la bannière
    Du joyeux et divin Bacchus ;
    Revenez fermer la paupière
    Quand les jeux n'existeront plus.

    La franche gaîté, etc.

UN ENFANT.

De Panard, de Collé, le sort nous fait envie,
    Ils sont morts, mais ils ont bien bu ;
Le sage accablé d'ans n'a point connu la vie :
    Qui s'amuse bien a vécu.
    Vous êtes jaloux, nous le sommes,
    Guidez-nous vers les restaurants ;
    Les buveurs de vin sont des hommes,
    Les buveurs d'eau sont des enfants.

    La franche gaîté, etc.

UNE ÉPOUSE.

Partez, joyeux époux, les repas sont vos fêtes ;
  Partez, modèles des grivois :
De myrtes amoureux nous ornons vos têtes,
  En partageant vos doux exploits :
  Puisque le temple où l'on va boire
  S'ouvre pour calmer nos malheurs,
  Disons en chantant notre gloire :
  Nos flancs portent vos successeurs.

  La franche gaîté, etc.

UNE JEUNE FILLE.

Et nous, sœurs des grivois, nous qui de l'hyménée
  Aspirons à serrer les nœuds,
Nous aurons ce bonheur dans notre destinée ;
  La danse accomplira nos vœux :
  Nous reviendrons dans nos murailles
  Pleins de joie, pleins de santé,
  Puisque le vin dans nos ripailles
  Coulera pour la volupté.

  La franche gaîté, etc.

TROIS IVROGNES.

Sur le broc, nom de Dieu ! jurons tous, chers confrères,
  Pour ne pas avoir de rivaux,
Que, tout en soulageant la soif qui nous altère,
  Nous viderons tous les tonneaux.
  De retour dans la nuit profonde,
  Dans les bras de la volupté,
  Nous donnerons l'exemple au monde
  Des plaisirs de la liberté.

La franche gaîté nous appelle,
Sachons boire et nous divertir;
Un luron doit vivre pour elle,
Sans elle il vaudrait mieux mourir.

MARSEILLAISE ÉPICURIENNE.

Air connu.

Tandis que le pouvoir la berce,
Laissez dormir la liberté;
Qu'à boire, aimer, chacun s'exerce,
Nous avons cette faculté :
Laissons la discorde farouche
S'exhaler en cris superflus;
Français, ne nous querellons plus,
Et que ce seul refrain nous touche :
Aux armes, francs buveurs, montrez-vous gais lurons :
Trinquons! trinquons!
Que le plaisir enlumine nos fronts!

Les dieux nous ont donné des armes
Pour livrer nos joyeux assauts;
Du temps qui flétrit tous les charmes,
Avec elles bravons la faux :
Doux nectar, gentille fillette,
De tous côtés nous sont offerts;
Tant que nous serons encor verts,
N'ayons pour but que leur défaite.
Aux armes, etc.

De futailles et de bouteilles
On a rempli nos arsenaux;
Pour remparts nous avons nos treilles,
Pour écus nos verres, nos brocs.
Les grâces sont nos cantinières,
Les désirs sont nos tirailleurs,
Les plaisirs sont nos artilleurs,
Et les jeux portent nos bannières.

 Aux armes, etc.

Galants si jadis redoutables,
Français, réveillons les amours;
Que la bouteille sur nos tables
S'emplisse et se vide toujours.
Aux bergères livrons bataille;
Cupidon nous tend son carquois :
Suivons ce petit roi des rois,
Mais frappons d'estoc, non de taille.

 Aux armes, etc.

Combattons prudes et dévotes,
Sachons les mettre à la raison :
Combattons, nouveaux Argonautes,
Parvenons jusqu'à la Toison.
Pleurs d'amour s'empressent d'éclore,
Qu'attendons-nous pour moissonner ?
Bientôt elles vont se faner;
Cueillons, s'il en est temps encore.

 Aux armes, etc.

De nos attrayantes conquêtes
La sagesse entrave le cours;

Au fond de pieuses retraites
Elle emprisonne les amours :
Mais Bacchus, le meilleur des guides,
Nous dit : Marchez, ne craignez rien :
J'enivrerai le gardien,
Et nous aurons les Hespérides.

  Aux armes, etc.

Amis, que la mélancolie
S'éloigne loin de nos états ;
Que les grelots de la folie
Nous animent dans nos combats ;
De jouir faisons notre gloire :
De Bacchus, nourrissons chéris,
De Vénus heureux favoris,
Volons de victoire en victoire.

  Aux armes, etc.

Que Bacchus allume la mèche,
Visons toutes les voluptés ;
Aux caveaux faisons mainte brêche,
Assiégeons novices beautés.
Si la Parque, d'un coup de taille,
S'oppose à de nouveaux succès,
Eh bien ! nous saurons, en Français,
Mourir sur le champ de bataille.

Aux armes, francs buveurs ! montrez-vous gais lurons ;
  Trinquons ! trinquons !
 Que le plaisir enlumine nos fronts !

VERSEZ RASADE.

Air : Encore une victoire.

Vive un banquet où, de cent pots
   Rangés en palissade,
Le vin jaillissant à grands flots,
Fait jaillir les bons mots !
Puisqu'il enfante la gaîté,
Puisqu'il est bon à la santé,
   Amis, versez rasade.

Laissons dans leur triste grandeur
   Ces parvenus maussades
Acheter au prix du bonheur
   Le crédit et l'honneur :
Nous, plus obscurs, mais plus joyeux,
Moins courtisés, bien plus heureux,
   Vidons force rasades.

Que vois-je ? ô ciel ! la vieille Iris
   Me lance des œillades ;
De son séculaire souris
   Je vois quel est le prix.
Dieu du vin, viens à mon secours ;
Pour m'étourdir sur ses amours,
   Versez-moi cent rasades,
     Mille rasades.

Mais si la jeune Zétulbé
   Bat enfin la chamade,

Si par un baiser dérobé
 Je l'amène à jubé,
Amis, éloignez le Pomard,
L'amour d'un tout autre nectar
 Va lui verser rasade.

Bacchus, dieu propice à l'amour,
 Et dieu cher aux Ménades,
Poètes, amants tour à tour,
 T'invoquent chaque jour.
Si le bon vin fait les bons vers,
S'il fait voir la feuille à l'envers,
 Amis, versez rasades.

Quand il faudra du vieux Pluton
 Augmenter la peuplade,
Amis, au bord du Phlégéton
 Ne changeons pas de ton.
Montons gaîment le noir coursier,
Et pour le coup de l'étrier
 Buvons encor rasade.

M. F. P. A. LÉGER.

LE JOYEUX INFORTUNÉ.

Air : A ma Margot, du bas en haut.

REFRAIN.

La joie entretient la santé ;
 Amis, conservons la gaîté (bis).

Je suis un enfant du mystère,
Mon père, encor célibataire,
Vit en Crésus, moi je n'ai rien,
Il m'oublie et mange son bien.
Ah mon Dieu! (ter.) quel dommage!
Allons du courage :
La joie entretient la santé ;
Amis, conservons la gaîté. (bis.)

J'entre au collége, et dès l'enfance
On s'étonne de ma science :
Le fils d'un grand n'a rien appris,
Qu'importe, il obtient tous les prix.
Ah mon Dieu (ter.) quel dommage! etc.

Un ministre, ami de ma mère,
J'ose le dire, *un second père*,
Donne à maint flatteur un emploi,
Et n'en trouve pas un pour moi.
Ah mon Dieu (ter.) quel dommage! etc.

Epris des attraits d'une belle,
Nuit et jour soupirant pour elle,
Je la chante en vers amoureux ;
Dans ses bras un autre est heureux.
Ah mon Dieu (ter.) quel dommage! etc.

Pour charmer la cour et la ville,
Je fais jouer un vaudeville ;
Des jaloux, à chaque couplet,
Font entendre un maudit sifflet.
Ah mon Dieu (ter.) quel dommage! etc.

D'un oncle, unique légataire,
J'attends des rentes, une terre;
Il me laisse par testament,...
Les frais de son enterrement.
Ah mon Dieu (ter-) quel dommage! etc.

Je m'enrichis à la roulette;
On vend un château je l'achète,
Et j'y suis à peine installé,
Que par la foudre il est brûlé.
Ah mon Dieu (ter.) quel dommage! etc.

J'épouse une femme charmante,
Pour autrui, douce, complaisante;
Las! elle descend au cercueil,
Et tous mes amis sont en deuil.
Ah mon Dieu (ter.) quel dommage! etc.

Au champ d'honneur comme à Cythère,
En bon luron faisant la guerre,
Je perds un bras pour mon pays,
Oui, mais je gagne avec Laïs...
Ah! mon Dieu (ter.) quel dommage! etc.

Souffrant, couvert de cicatrices,
J'attends le prix de mes services;
Vétéran, je reste ignoré,
Mais un conscrit est décoré.
Ah mon Dieu (ter.) quel dommage! etc.

Enfin, quand au gré de la Parque,
Des morts, j'irai voir le monarque,

En naviguant sur l'Achéron,
Je veux chanter au vieux Caron :
Ah mon Dieu (ter.) quel dommage!
Allons, du courage :
La joie entretient la santé;
Amis, conservons la gaîté.

P. J. CHARRIN.

LES DINERS ENTRE HOMMES.

OU

LE PLAISIR SANS FEMMES.

PAR DESPAZE.

Chanson de table.

Air : Avec la pipe de tabac.

Ces biens, que le vulgaire prône,
Valent-ils un joyeux repos ?
Laissons aux rois l'ennui du trône,
Et la soif du sang aux héros.
Des biens plus doux charment nos ames,
Puisque dans ce jour solennel,
Le sort nous réunit sans femmes
Autour d'un banquet fraternel.

Ici l'étiquette, captive,
N'afflige pas le sentiment;

Sur le front de chaque convive
On voit rayonner l'enjoûment.
Nous fêtons le dieu de la tonne,
En vrais amis, en vrais buveurs;
Et le champagne, qui bouillonne,
Confond nos verres et nos cœurs.

Voulez-vous tuer nos saillies,
Nos bons mots, nos transports si doux?
Faites que dix femmes jolies
Prennent place au milieu de nous.
Vaincus soudain par leur adresse,
Nos cœurs languiront attristés;
Car l'amour ôte à l'alégresse
Ce qu'il ajoute aux voluptés.

Avec art il faudra sourire,
Composer jusqu'à son maintien;
Ici tout penser sans rien dire,
Là dire tout sans penser rien.
Les vins, les mets, la bonne chère,
Cesseront de nous réjouir;
Nous ne songerons plus qu'à plaire,
Et nous oublirons de jouir.

Encor si la gêne importune
Prévenait tout fâcheux transport;
Si chacun avec sa chacune
Formait un couple bien d'accord!
Mais, en public, la jalousie
Des amants trouble la raison;
Commus leur servait l'ambroisie,
Vénus leur verse le poison.

Réglons mieux notre destinée,
Prévenons des soucis affreux ;
L'art de partager sa journée
Tient de près à l'art d'être heureux.
Amis, restons tels que nous sommes :
Nos sens peuvent-ils nous tromper ?
Pour le dîner gardons les hommes,
Et les femmes pour le souper.

LES DINERS AVEC DES FEMMES.

Réponse aux couplets de Despaze,
sur les diners entre hommes.

Air : Fidèle amant, franc militaire,

Ou : La pipe de tabac.

N'en déplaise à l'auteur aimable
De couplets tant soit peu malins,
Qui veut exclure de la table
Tous jolis minois féminins :
S'il s'égare dans son système,
Par bonheur il se contredit ;
Et répare par son goût même,
Les torts légers de son esprit.

Les femmes, quoi qu'il ait pu dire,
Exemptes de sévérité,
Partagent le double délire
De l'amour et de la gaîté.

Du soin de nous vaincre occupée,
Cypris est sûre de ses traits,
Lorsque la pointe en est trempée
Dans un vin pétillant et frais.

Dans un souper où cent bougies
Font étinceler les cristaux,
Le champagne part en saillie,
En ris folâtres, en bons mots.
Souvent une belle intraitable,
Dont la pudeur craignait le jour,
Achève sa défaite à table,
Et c'est où l'attendait l'amour.

Aussi l'auteur que je réfute,
Sur ce point veut-il bien céder,
Et je vois dans notre dispute
Un moyen de nous accorder:
Malgré ses maximes sévères,
Au fond je pense comme lui,
Puisque l'heure où soupaient nos pères
Est celle où l'on dîne aujourd'hui.

Amis, croyez-moi, sans les femmes
Il n'est ni bonheur, ni volupté;
Le ciel pour le bien de nos ames,
Fit le plaisir et la beauté.
Ne nous montrons jamais rebelles
A l'empire de deux beaux yeux;
Dînons, soupons avec les belles;
Quand nous le pouvons, faisons mieux.

COUPIGNY.

VAUDEVILLE.
DE L'AMOUR AU VILLAGE.

Lucas me disait l'autre jour :
Tout s'aime en ce riant bocage;
Aimons-nous donc à notre tour :
   L'amour n'est qu'un badinage.
Non, non, Colette depuis peu,
Soupire et gémit en cachette;
Ah! c'est l'amour qui l'inquiette :
   L'amour n'est pas un jeu.

Le cœur ne ressent à la cour
Qu'une ardeur tranquille et volage;
On s'aime, on s'oublie en un jour :
   L'amour n'est qu'un badinage;
Mais au village, c'est un feu
Qui gagne toujours, qui dévore;
On s'aime, il faut s'aimer encore :
   L'amour n'est pas un jeu.

Quand j'ons bian pris de ce doux jus,
J'aimons Lisette davantage;
Dam : c'est bras dessous, bras dessus :
   L'amour n'est qu'un badinage.
Mais palsangué! j'en fais l'aveu,
Quand j'nons bu que de l'iau claire,
Lisette a biau dire et biau faire :
   L'amour n'est pas un jeu.

Ma mère dit que tout Amant
Est dangereux ; c'est bien dommage !
Va, me dit Guillot ! elle ment :
　　L'amour n'est qu'un badinage.
Sur l'herbe assèyons-nous un peu,
Je veux te le faire connaître :
Mais il me fit bien voir, le traitre,
　　Qu'amour n'est pas un jeu.

Iris, avec un seul pompon,
Embellit son jeune visage ;
La toilette, pour ce tendron,
　　N'est qu'un simple badinage.
Mais pour Aminte, qui dans peu
Aura sa trentaine complète,
Je réponds bien que la toilette
　　Ne sera pas un jeu.

Tant qu'avec sa femme, un mari
Fournit aux frais du mariage,
On le mitonne, il est chéri :
　　L'hymen n'est qu'un badinage,
Mais laisse-t-il mourir son feu,
Les soupçons troublent le ménage ;
On gronde, on crie, on fait tapage :
　　L'hymen n'est pas un jeu.

Maman rit de mes rendez-vous
Avec des garçons de mon âge,
Et croit bonnement que pour nous,
　　L'amour n'est qu'un badinage !
Mais j'ai mes douze ans depuis peu,
Si je laisse faire Lisandre,
Maman pourra bientôt apprendre,
　　Qu'amour n'est plus un jeu.
　　　　　　(Rémond de Saint-Albine.)

A ZULMÉ.

Air de Joconde.

L'amour nous parle par vos yeux ;
Il nous flatte, il nous touche :
Il folâtre dans vos cheveux ;
 Il rit sur votre bouche.
Partout en vous, ce Dieu vainqueur
 Se présente avec grâce ;
Quoi ! seulement dans votre cœur,
 N'aurait-il point de place ?
          (Saint-Evrémont.)

LA RONDE DES FOUS.

PAR AUGUSTE RIGAUD.

Air : Un petit coup de malheur.

Amateurs du dieu du vin,
Vrais enfants de l'alégresse,
Ennemis du noir chagrin
Et de la triste sagesse,
Venez, venez parmi nous
Folâtrer, chanter et rire :
Venez, venez parmi nous,
Nous sommes tous d'heureux fous.

Ne perdez pas votre temps
A poursuivre la fortune;
Si vous avez du bon sens,
Renvoyez-le dans la lune.
Venez...

Si vous trouvez par hasard
Votre maîtresse infidèle,
N'allez pas vous plaindre, car
Vous ferez rire la belle.
Venez...

Vous que l'Hymen enrôla
Sous son heureuse bannière,
Si de Madame Honesta
Vous redoutez la colère,
Venez...

Quand, par le diable inspiré,
Un créancier malhonnête,
D'un ton de *miserere*,
Ira vous rompre la tête,
Venez..

Pauvres auteurs confondus
Par les sifflets du parterre,
Vengez-vous, n'écrivez plus;
Tous les sifflets vont se taire.
Venez...

Qu'avez-vous, pauvre marchand?
Ah! Monsieur, dans une affaire

J'ai gagné deux cents pour cent,
Mais je pouvais bien mieux faire!
Ne venez point parmi nous
Folâtrer, chanter et rire;
Ne venez point parmi nous,
Nous n'aimons pas de tels fous.

Qu'avez-vous, docteur *Tant-pis*,
Triste suppôt d'Esculape?
L'héritier m'avait promis...
Mais le malade en réchappe!
Ne venez point...

Vous, honnête fournisseur,
D'où peut venir cette rage?
La paix!... ô Dieu! quel malheur!
Adieu, vivres et fourrage!
Ne venez point...

Vous qui cueillez des lauriers
Pour donner la paix au monde,
Venez, généreux guerriers,
Vous unir à notre ronde.
Venez, venez parmi nous,
Nous sommes tous d'heureux fous.

LA GÉNÉRATION PRÉCOCE.

VAUDEVILLE PAR VADÉ.

Air : N'y a plus d'enfants.

Qu'une fille était étonnée,
Le premier jour de l'hyménée !
Pour l'instruire il fallait du temps ;
A présent de peine on est quitte,
On trouve femme toute instruite :
 N'y a plus d'enfants,
 N'y a plus d'enfants.

A trente ans, jadis une fille
Songeait à se mettre en famille ;
Ah ! combien on perdait de temps !
On en fait un meilleur usage,
Dès douze ans on entre en ménage :
 N'y à plus d'enfants,
 N'y à plus d'enfants.

Nos vieux aïeux, froides idoles,
A vingt ans allaient aux Ecoles ;
Ils voyaient tard leurs descendants ;
Qu'ils étaient fous ! Pour moi j'espère
Qu'à quinze je me verrai père.
 N'y a plus d'enfants,
 N'y a plus d'enfants.

Un gascon vante sa naissance,
Un parvenu son opulence ;

85.

Chacun se met au rang des Grands,
Le bretteur fait l'homme de guerre,
Plus d'une fille fait la mère.
 N'y a plus d'enfants,
 N'y a plus d'enfants.

C'est bien vainement que ma mère,
De l'amour me fait un mystère;
Je n'ai qu'onze ans, mais je me sens,
Et quand mon petit cœur soupire,
J'entends bien ce qu'il veut dire.
 N'y a plus d'enfants,
 N'y a plus d'enfants.

Du temps que vivait mon grand-père,
Dans l'excès on ne donnait guère,
On était jeune à cinquante ans :
A présent, dès l'adolescence,
La vieillesse commence.
 N'y a plus plus d'enfants,
 N'y a plus d'enfants.

Avant de savoir l'art profane,
Qu'au palais on nomme chicane
Un procureur passait trente ans;
A présent, fort jeune on brille,
Le moindre petit clerc vous pille.
 N'y a plus d'enfants,
 N'y a plus d'enfants.

Aimer sans perdre l'innocence,
Sécher dans la persévérance,

C'était l'usage au bon vieux temps ;
A présent on n'est plus si dupe,
A languir bien fou qui s'occupe.
   N'y a plus d'enfants,
   N'y a plus d'enfants.

Jadis l'ignorante jeunesse,
N'osait décider d'une pièce,
C'était l'emploi des vieux savants ;
Aujourd'hui le goût prévient l'âge,
Chacun peut juger d'un ouvrage.
   N'y a plus d'enfants,
   N'y a plus d'enfants.

LA PREMIÈRE NUIT DES NOCES.

Vous pleurez, Eléonore,
Quand vous couronnez mes feux,
Quand l'amant qui vous adore
Est au comble de ses vœux !
Dans un instant plein de charmes
Qui répond à mon désir,
Doit-on verser d'autres larmes
Que des larmes de plaisir.   (bis.)

L'amour, qui pour la tendresse,
A formé tous vos attraits,
En voyant votre tristesse,
La prendra pour des regrets.

Ah! ce trouble est une injure;
Bannissez-le sans retour!
J'obéis à la nature,
Quand j'obéis à l'amour.   (bis.)

Rappelez-vous mon hommage
Et mes tourments superflus,
Et le plus tendre langage
Toujours suivi du refus
Ah! c'est bien la moindre chose,
Après un an de douleurs,
De voir succéder la rose
A l'épine des rigueurs.   (bis.)

Que notre délicatesse
Soit le sceau de nos ardeurs.
Ah! déjà plus de tendresse
Est le prix de vos faveurs!
Vous-même êtes plus jolie;
Gardez-vous donc de rougir;
La fleur n'est jamais flétrie,
Quand l'hymen sait la cueillir.

LA ROMANCE
DU PAUVRE HOMME (1).

C'est pour vous que je respire!
Vos volontés sont ma loi;
Les dieux n'ont pas plus d'empire
Que vous en avez sur moi.
D'un amour sans imposture
Vos yeux ont su m'animer;
C'est l'instinct de la nature
Qui m'a dit de vous aimer !   (bis.)

Depuis l'instant où mes larmes
Vous ont engagé ma foi,
Sans votre amour, sans vos charmes,
L'univers n'est rien pour moi.
Parmi les beautés nouvelles
Que Paris peut rassembler,
Je ne regarde que celles
Que je crois vous ressembler !   (bis.)

Près de vous mon cœur palpite;
Et dans l'excès de mes feux,
Dans le trouble qui m'agite
Tout se confond à mes yeux.
Pour vous voir, de chaque aurore
Ma voix appelle l'instant;
Et je veux cent fois encore
Vous revoir en vous quittant!   (bis.)

(1) Ainsi nommée parce qu'elle fut gravée et vendue, en 1786, au profit d'un *pauvre homme*. Mais l'air ancien était trop lent et trop monotone ; le nouveau est beaucoup plus analogue.

JOLIS COMPLIMENTS
D'UN BUTOR.

Air : Nous nous marierons dimanche, etc.

Cloris, quand je vois
Ce joli minois
Qui nous fait tourner la tête,
J'applaudis tous
Les gens qui vous
Font fête;
Mais, quand par hasard
Sur vous mon regard
S'arrête
Pour voir de plus près
Vos divins attraits...
Ah! que vous avez l'air bête!

Ah! monsieur l'Abbé,
Qu'auprès de Thisbé
Vous me semblez imbécile!
Chacun se rit
De votre esprit
Futile;
Mon petit pédant,
Ne faites pas tant
L'habile;
Que vous vous taisiez,
Ou que vous parliez,
Ah! que vous avez l'air gille!

Par votre jeu froid,
Qu'au théâtre on voit,
Vous déplaisez trop, Bélinde !
Votre cou tors
Sur un grand corps
Se guinde.
Vous épouvantez
Les neuf Déités
Du Pinde.
Avec vos longs bras
Et votre embarras,
Ah ! que vous avez l'air dinde !

Mons le freluquet,
Qui pour le caquet
Rivalisez ma perruche ;
Saisi de peur ;
Votre grand cœur
Trébuche,
Et vous filez doux,
Dès qu'un bretteur vous
Epulche.
Mais, dès qu'il s'agit
De votre esprit,
Ah ! que vous avez l'air bûche !

Amant éperdu,
Votre individu
N'est tout au plus qu'une ébauche.
Le regard doux
D'un tendron vous
Débauche.
D'or tout chamarré,
Mais plus plat qu'un pré

Qu'on fauche,
Quand vient le moment
D'agir en amant;
Ah! que vous avez l'air gauche!

LE MIROIR (1).

Air : Nous jouissons dans nos hameaux.

Miroir officieux, je doi
T'aimer toute ma vie :
Je possède, grâces à toi,
La charmante Sylvie;
Et je te regarde en ce jour,
Comme un Dieu tutélaire,
Qui fait pour moi plus que l'amour
N'aurait jamais pu faire.

Miroir plus peintre que La-Tour.
Plus prompt et plus sincère,
Et vous, mes trumeaux, tour à tour
Répétez ma bergère :
Croyez que jamais vous n'aurez
De plus parfait modèle,
Et que plus vous l'embellirez,
Plus vous serez fidèle.

(1) L'auteur avait chez lui un miroir dont les ornements antiques étaient estimés; une dame très jolie voulut le voir, et il lui donna ces trois couplets.

Qu'en faveur de ma belle;
Obscure pour tout autre objet,
Ne représentez qu'elle.
Par le même art, en ma faveur,
Et contre votre usage,
Puissiez-vous, ainsi que mon cœur,
Conserver son image!

PIRON.

LA FÈVE DES ROIS.

Air : De tous les capucins du monde.

Faisant les Rois avec Climène,
Une fève la rendit reine :
Tout le monde en fut enchanté.
L'Amour me chargea de lui dire,
Qu'il approuvait sa royauté,
Et qu'il lui cédait son Empire.

PIRON.

LE PORTRAIT DU DIABLE.

Air : Quoi! ma voisine es-tu fâchée.

Il a la peau d'un rôt qui brûle,
　Le front cornu,
le nez fait comme une virgule,
　Le pied fourchu,

Le fuseau dont filait Hercule
    Noir et tortu;
Et, pour comble de ridicule,
    La queue au cu.

PIRON.

LE
MOINE GRIS.

Air du Biribi.

Gens de bien, prêtez silence,
Plaignez mon destin maudit
Qui me fait aimer Hortense,
Qu'un moine en secret instruit.
Dieu vous garde du moine gris,
    Biribi,
Dieu vous garde du moine !

Si par mon bien je la tente,
Par mon rang, par mon crédit :
Lui, plus modeste, ne vante
Que son âge et son habit.
Dieu vous garde du moine gris,
    Biribi,
Dieu vous garde du moine !

Si je parle à la perfide,
L'Amour me rend interdit :
Mais lui, d'un regard avide
Accompagne son débit.

Dieu vous garde du moine gris,
    Biribi,
Dieu vous garde du moine!

Si je vole chez la belle
Sitôt que l'aurore luit,
Je trouve chez l'infidèle
Mon rival qui s'établit.
Dieu vous garde du moine gris,
    Biribi,
Dieu vous garde du moine!

A sa porte, en petit-maître,
Si je fais le guet la nuit,
Je le vois par la fenêtre
Qui, malgré moi, s'introduit.
Dieu vous garde du moine gris,
    Biribi,
Dieu vous garde du moine!

Si je cause à sa ruelle,
Il s'assied dessus son lit;
Et si je bois avec elle
Quatre coups, il en boit huit.
Dieu vous garde du moine gris,
    Biribi,
Dieu vous garde du moine!

                PONTDEVEL.

LES QUAND.

Air: Tout roule aujourd'hui dans le monde.

Quand on trouve le vestibule
Trop ennuyeux, trop fatigant;
Quand, pour supplanter un émule,
On n'est pas assez intrigant;
Quand le manège sait déplaire,
Quand on refuse d'encenser,
Quand on est trop vrai, trop sincère,
A la cour il faut renoncer.

Quand on veut voir quelque ménage
Où l'on n'entende point gronder;
Quand on veut voir quelque partage
Où l'on s'arrange sans plaider;
Quand on veut voir veuve jolie,
Que rien ne puisse consoler;
Apprenez-moi, je vous supplie,
Dans quel pays il faut aller.

Quand, chez une fille jolie,
Je vois quelqu'un donner le ton;
Quand à lui plaire on s'étudie,
Quand jamais on ne lui dit non;
Quand tout, jusqu'au chien de la belle,
Pour lui devient un vrai mouton,
Je sais qui c'est, et je l'appelle
Le pourvoyeur de la maison.

Quand vous voyez votre fillette
Bâiller en étendant les bras ;
Quand elle est rêveuse et distraite,
L'esprit toujours dans l'embarras ;
Quand elle court à la fenêtre,
Chaque fois qu'elle entend sonner,
Maman, cela vous fait connaître
Qu'au notaire il faut l'amener.

Quand Philis est-elle charmée ?
Quand sa rivale a du dessous.
Quand Florise est-elle alarmée ?
Quand elle voit son vieux jaloux.
Quand un auteur sait-il produire ?
Quand la gaîté sait l'inspirer.
Quand voit-on les médecins rire ?
Quand la fièvre nous fait pleurer.

PANARD.

LES SAINTS EN RIBOTTE,

Parodie de l'Enfer en goguette.

Air de la descente aux enfers.

Quittant l'enfer aux dieux cornus,
Je reviens sur la terre ;
Me trompant d'hémisphère
Je fus au séjour des élus.
Même cuisine, vraiment maline ;
Tous étaient saouls d'une liqueur divine.

Aussi je vis plus d'un paillard,
Entonner les chants de Panard,
Le paradis était un bal chicard,
Et puis au son des cloches.
Verres et tournebroches,
Jamais les saints n'ont fait tant de bamboches.

C'est un séjour bien amusant,
Celui du saint empire,
L'on s'y crevait de rire ;
Chacun rigolait en buvant :
Là saint Marcoise et saint Ambroise
Se disputaient les faveurs de Françoise ;
Saint Joseph et saint Valentin,
En dégustant un broc de vin,
Criaient vivat, c'est du pivois malin.
Et puis, etc.

Dans un coin sombre, saint Crépin,
Du bout de son haleine
Ouspillait Madeleine,
Qui l'appelait vieux libertin.
Puis saint Césaire et sainte Claire
Buvaient la goutte aux dépens de Valère ;
Vincent de Paule et saint Victor
Prenaient une leçon de cor,
Agnès criait : bravo, poussez encor.
Et puis, etc.

Saint Eloi portant un gigot,
Ne montrait que son manche,
Ouvrant sa robe blanche,
Ursule le chippe aussitôt.

Lors sainte Lise, qui se sent grise,
A Gabriel vient offrir une prise;
Antoine veut que son cochon
Comme lui joue au mirliton,
La Vierge tient un cornet à piston.
Et puis, etc.

Je vis au céleste taudis,
Le même train des diables,
Symphonies effroyables
L'on est pas mal en paradis :
Sainte Nicaise, sainte Thérèse,
En chœur chantaient notre hymne marseil-
　　　　　　　　　　　　　　　　laise.

Sainte Philomène plus loin
Cancanant au son du crin-crin,
Faisait la gueuse avec un chérubin.
Et puis, etc.

A la porte de ce sabbat
Me balance saint Pierre,
Jugez de ma colère,
Me réveillant sur mon grabat :
Je fis la mine un peu chagrine,
Père-Eternel, adieu donc ta cuisine;
Hélas! quand je serai pénard,
Pour protéger un vieux pochard,
Fais-moi là-haut lâcher mon pas chicard,
Et puis au son des cloches,
Verres et tournebroches,
Avec les saints je ferai mes bamboches.

　　　　　　　　HALBERT D'ANGERS.

LE PRIX DU MOMENT.

Air : Tout est dit.

Tant qu'un jeune galant désire,
A la beauté qui le ravit
Il a mille choses à dire,
Son discours jamais ne finit;
Mais dès qu'il a signé certaine clause,
Des jolis mots la source se tarit;
   Sa bouche est close,
     Tout est dit.

Quand votre fille devient grande,
Mère, ne la quittez jamais :
C'est un soin que je recommande
Contre mes propres intérêts.
Craignez qu'Amour près d'elle ne s'arrête;
Jamais ce dieu n'est long dans son récit :
   Tournez la tête,
     Tout est dit.

Filles qui craignez le dommage
Que les amants peuvent causer,
Résistez au premier langage
Dont ils veulent vous amuser.
Si vous tardez, votre péril redouble;
De son flambeau l'amour vous éblouit;
   Quand l'œil est trouble,
     Tout est dit.

PANARD.

LA FEINTE DIFFICILE.

Air : Dans ma cabane obscure.

Dans ce bois solitaire
Tout invite à l'amour ;
Son ombre sait me plaire
Plus que l'éclat du jour.
Son silence m'attire,
Tout semble m'y charmer ;
Sans objet j'y soupire
Du seul besoin d'aimer.

Je suis à mon aurore ;
Mon cœur cherche à jouir
D'un bonheur que j'ignore,
Et semble m'avertir :
Tircis dit qu'il m'adore,
Et qu'il sera constant :
Je n'aime pas encore,
Mais Tircis est charmant.

Il vient, et de sa flamme
Il va m'entretenir :
Ah ! je sens que mon ame
Est prête à s'attendrir :
Fuyons, j'ai trop à craindre ;
Je sens à ma langueur
Qu'en vain je voudrais feindre
Le secret de mon cœur.

Madame DE CASSINI.

LA COMMODITÉ DES FIACRES.

Air : Fille qui voyage en France.

Dans un amoureux mystère
Un fiacre est d'un grand secours;
Du voyage de Cythère
Il précipite le cours :
 Chaque secousse
Fait avancer les amours
 Sans qu'on les pousse.

Près d'un bal un fiacre habile
S'alla placer à propos;
L'amour trouvant cet asile
Propre à cacher ses travaux,
 Ouvrit sa bourse,
Et lui paya son repos
 Plus que sa course.

GRÉCOURT.

CHANSON A BOIRE.

Quel effroyable bruit! quels feux étincelants.
Jupiter aux mortels déclare-t-il la guerre?
 Veut-il encor par son tonnerre,
 Foudroyer de nouveaux Titans?
Gronde, affreux tonnerre, et ravage le monde
 Par tes redoutables fureurs;
Fais tout trembler d'effroi, sur la terre e
 sur l'onde;
Mais respecte du moins la vigne et les bu
 veurs.

LÉ BRUN.

LE RÊVE.

Air : C'est ainsi qu'un dieu flatteur.

La nuit, dans les bras du repos,
Je crois être auprès de Climène;
L'amour, attendri par mes maux,
Nous serre d'une même chaîne.
C'est ainsi qu'un dieu flatteur
Calme pour un temps ma peine :
C'est ainsi qu'un dieu flatteur
Sait me déguiser sa rigueur.

Mille baisers délicieux,
Cueillis sur ses lèvres charmantes,
Dans ces instants faits pour les dieux,
Confondent nos ames errantes.
C'est ainsi qu'un dieu flatteur
Rend mes chaînes moins pesantes;
   C'est ainsi, etc.

Tandis qu'avec empressement
Ma bouche à la sienne se colle,
Nous entremêlons tendrement
Les organes de la parole.
C'est ainsi qu'un dieu flatteur
De mes peines me console;
   C'est ainsi, etc.

D'autres appas ensevelis
A parcourir je me dispose;

Et déjà, sur deux tas de lys,
J'aperçois deux boutons de rose.
C'est ainsi qu'un dieu flatteur
Trompe un amant qui repose;
   C'est ainsi, etc.

Je me saisis de ses deux bras;
Je touche à mon bonheur suprême,
Et l'air dont elle ne veut pas
Est plus touchant que le don même.
C'est ainsi qu'un dieu flatteur
Pousse l'erreur à l'extrême;
   C'est ainsi, etc.

Enfin, un ravissement......
J'ignore la fin de l'histoire.
Un surcroît d'assoupissement
M'en a fait perdre la mémoire.
C'est ainsi qu'un dieu flatteur
M'enivre d'une fausse gloire;
   C'est ainsi, etc.

Grécourt.

LE PÉCHÉ DE PARESSE.

Air: A confesse m'en suis allé, au curé de Pomponne.

Tant que l'homme désirera
  Plaisirs, honneurs, richesse,
Pour les avoir il emploîra
  Courage, esprit, adresse;

Tout le relevera,
 Larira,
Du péché de paresse.

Une indolente qui n'aura
 Rien vu qui l'intéressé,
Quand son moment d'aimer viendra,
 Le dieu de la tendresse
Vous la relevera, etc.

Un jeune époux qui ne dira
 Qu'un mot de politesse,
Un amant plus poli viendra
 Qui parlera sans cesse,
Et vous le relevera, etc.

Une veuve qui comblera
 D'un amant la tendresse,
Et qui se tranquillisera
 Dans ces moments d'ivresse,
 On la relevera,
 Larira,
Du péché de paresse.

COLLÉ.

LA DISCRÉTION.

Air : Des simples jeux de mon enfance.

Enfin la charmante Lisette,
Sensible à mon cruel tourment,

A bien voulu, dessus l'herbette,
M'accorder un heureux moment.
Pressé d'une charge si belle,
Tendre gazon, relevez-vous :
Il ne faut qu'une bagatelle
Pour alarmer mille jaloux.

QUINAULT.

LES DINDONS DE CYTHÈRE.
VAUDEVILLÉ DE PARADE.

Air : Chansons, chansons.

Qu'on voit de dindons sur la terre !
Les plus beaux sont ceux qu'à Cythère
    Nous vous gardons.
Ce serait une liste à faire ;
Abbés, robins et gens d'affaires :
    Dindons, dindons.

Jeune amant, qui reste à rien faire ;
Vieux amant, qui veut contrefaire
    Nos Céladons ;
En amour, celui qui préfère
D'être dupe, au plaisir d'en faire :
    Dindons, dindons.

L'amant présentant son offrande,
Qui, timide après, en demande
    Bien des pardons ;
Cet autre, qu'une ardeur trop grande
Consume avant que l'on se rende :
    Dindons, dindons,

Sur nos amusements comiques
Nous ne craignons pas les critiques,
  Ni les lardons;
Nous nous moquons des satiriques,
Et nous appelons les caustiques
  Dindons, dindons.

COLLÉ.

LA MANIÈRE FAIT TOUT.

VAUDEVILLE.

Air : Tout consiste dans la manière.

Amants, qui marchez sur les traces
Des agréables de la cour,
Ayez de l'esprit et des grâces,
Il en faut pour faire l'amour :
Tout consiste dans la manière
  Et dans le goût;
Et c'est la façon de le faire
  Qui fait tout.

Pour faire un bouquet à Lucrèce,
Suffit-il de cueillir des fleurs?
Il faut encor avoir l'adresse
D'en bien assortir les couleurs.
  Tout consiste, etc.

L'amant risque tout, et tout passe,
Lorsque l'on sait prendre un bon tour :
S'il est insolent avec grâce,

On fera grâce à son amour.
    Tout consiste, etc.

De deux jours l'un, à ma bergère,
Je fais deux bons petits couplets,
Et ma bergère les préfère
A douze qui seraient mal faits.
Tout consiste dans la manière
    Et dans le goût;
Et c'est la façon de le faire
    Qui fait tout.

COLLÉ.

L'INDULGENCE.

A peine ai-je quitté l'enfance,
Que nos bergers me font la cour;
En vain maman me fait défense
D'écouter un seul mot d'amour :
Sur ce point souvent je friponne;
Si quelqu'un s'y prend joliment,
Je gronde d'abord hautement;
Mais tout bas mon cœur lui pardonne.

Tous les matins, dans la prairie,
L'amour fait moissonner des fleurs;
Aux bergères les plus jolies
On en fait des marques d'honneur.
Quand par hasard quelqu'un m'en donne,
Par un air froid et nonchalant
Je déconcerte le galant;
Mais tout bas mon cœur lui pardonne.

Sur mes cheveux, mon teint, ma taille,
Colin fait de tendres chansons ;
Je feins de croire qu'il me raille,
Quand pour moi sa flûte résonne,
De maman je suis les leçons
Pour ne pas faire de jaloux,
J'affecte un modeste courroux ;
Mais tout bas mon cœur lui pardonne.

Quand tête à tête dans un bocage,
Je me trouve avec ce berger,
Ses yeux, ses mains sont le langage
Dont il se sert pour m'engager.
Si je feins d'appeler ma bonne,
Il n'en devient pas plus discret ;
Je crois qu'un démon, en secret,
Lui dit que mon cœur lui pardonne.

DE LA GARDE.

A MADAME DE **,

SERVANT A TABLE.

Air : Le jeune berger qui m'engage

Que j'aime cette main charmante !
Qu'elle a de grâce à nous servir !
Tout ce qu'un autre présente
Me fait cent fois moins de plaisir.
L'eau semble venir à la bouche,
Par les morceaux que vous donnez ;

Et les mets que cette main touche
M'en semblent mieux assaisonnés.

Quand le bouchon d'une bouteille,
Sous ces beaux doigts part sans effort,
Vous charmez le dieu de la treille,
L'amour est jaloux de son sort.
Ah! que ce sont de sûres armes
Pour mettre un amant sous vos lois,
De joindre à des yeux pleins de charmes,
Des grâces jusqu'aux bouts des doigts!
L'abbé de LATTAIGNANT;

A UNE PETITE FILLE DE DOUZE ANS.

Eh quoi! dans un âge si tendre,
On ne peut déjà vous entendre,
Ni voir vos yeux sans mourir;
Ah! soyez, jeune Iris, ou plus grande ou moins belle.
Attendez, petite cruelle;
Attendez, pour blesser, que vous sachiez guérir.

BOIS-ROBERT.

L'ÉNIGME.

Air : La trop innocente Colette, *ou* Comme
v'là qu'c'est fait.

Que notre ignorance est extrême !
Toujours douter est notre lot ;
Le flambeau de la raison même
N'est pour nous qu'un simple falot.
Sans savoir ni pourquoi ni comme
On naît, on meurt presque aussitôt ;
L'homme est une énigme pour l'homme :
Quand on en veut chercher le mot,
    On est tout sot,
    On est tout sot.
L'abbé PRÉVOST.

LES ADIEUX.

Air : Un jour Guillot trouva Lisette, etc.

Enfin, je renonce aux délices
    Que tu promettais à mon cœur ;
Je suis trop las de tes caprices ;
Je vais fuir ton regard vainqueur.
Adieu, perfide Eléonore,
Je saurai faire un autre choix :
Dans ces lieux tu me vois encore,
Mais c'est pour la dernière fois.

Adieu..... Mais quoi ! tu me rappelles !
Sans rougir tu me prends le bras !....

Pourquoi nos mains s'unissent-elles,
Quand nos cœurs ne s'entendent pas?
Ah! ce coup-d'œil vient de m'instruire,
Tu veux aller au petit bois :
Eh bien! soit! je vais t'y conduire ;
Mais c'est pour la dernière fois.

Que ta main est douce et bien faite!
Que tes bras sont éblouissants !
Qu'à travers cette collerette
J'aperçois d'attraits ravissants !
J'aurais fait mon bonheur suprême
De vivre toujours sous tes lois.....
Tu vois encor combien je t'aime ;
Mais c'est pour la dernière fois.

Grand Dieu! que ton souris est tendre !
Comme il appelle le baiser !....
En vain je voulais me défendre,
Je sens mon courroux s'apaiser.
Qui sourit avec tant de grâce
Séduirait les cœurs les plus froids.....
Viens, friponne, que je t'embrasse ;
Mais c'est pour la dernière fois.

Ainsi je croyais fuir la belle,
Quand elle me dit tendrement :
« Je ne feignis d'être infidèle
» Que pour éprouver mon amant ;
» Pardonne-moi d'avoir pu craindre,
» Rends à mon cœur ses anciens droits ;
» Le tien a sujet de se plaindre,
» Mais c'est pour la dernière fois ».

BONNIER DE LAYENS.

APOLOGIE D'UN VIEUX DANSEUR.

Air de Joconde.

Après deux fois seize printemps,
    Peut-on danser encore ?
Tenez, bonhomme, il n'est plus temps
    De suivre Terpsicore.
Je conviens qu'il est un peu tard
    Pour cette fantaisie ;
Mais j'ai rencontré par hasard
    Un regard d'Emilie.

Ainsi l'astre brillant des cieux
    Ranime la nature ;
Et même, aux arbres déjà vieux,
    Redonne la verdure.
Ainsi, triomphant des hivers,
    Il réchauffe le monde :
Peut-on trouver dans l'Univers
    Des glaces qu'il ne fonde ?

Si quelque censeur désormais
    Condamnait ma folie,
Pour l'apaiser je lui dirais :
    Regardez Emilie.
Vous-même, auriez-vous moins d'ardeur
    A voler sur ses traces ?
Ne voyez donc dans mon erreur
    Que le pouvoir des Grâces.

Titon ne revint qu'un moment
    A la voix de l'Aurore ;
Je ressuscite entièrement,
    Et cent fois mieux encore.
Si l'emploi d'un si beau présent
    M'était aussi facile,
Jamais mon rajeunissement
    Ne serait inutile.

    Le comte DE FOTETTE-SUMMERI.

CHANSON A BOIRE.

Air : De tous les Capucins du monde.

De Bacchus la veine est glacée,
Amis, la mode en est passée :
Moi, je veux la ressusciter ;
En deux mots, voici mon histoire :
Je veux, si l'on me fait chanter,
Ne chanter que chansons à boire.

L'utile joint à l'agréable,
Je le trouve à chanter à table :
Car je tiens du docteur Joif,
Qui vaut bien le docteur Grégoire,
Que chanter fait naître la soif,
Et c'est la soif qui nous fait boire.

Triste vertu que l'abstinence !
Nous n'en avons point d'autre en Fran-
    ce :

Chez ces buveurs trop circonspects,
Le pauvre amour languit sans gloire :
Cœurs et gosiers sont toujours secs ;
On sait aimer quand on sait boire.

Nos aïeux étaient véridiques :
Nous sommes faux et politiques ;
De l'homme, on ne voit plus sortir
Que mensonge et trahison noire :
Il aimerait moins à mentir,
S'il aimait un peu plus à boire.

Après les travaux militaires,
Quand deux plénipotentiaires
Veulent voir la guerre finir,
Ils ont beau signer leur grimoire ;
Cet accord ne saurait tenir :
Ils se quittent toujours sans boire.

Jadis, par de saints hécatombes,
Les Romains honoraient leurs tombes !
Dieu proscrivit ce culte vain ;
Je n'ai pas de peine à le croire :
Leurs prêtres répandaient le vin :
Ne valait-il pas mieux le boire ?

Dieu ! quand viendra la fin du monde,
S'il faut que le ciel nous inonde,
Fais que ce soit de flots de vin !
L'eau pure ternirait ta gloire ;
Et si le monde meurt enfin,
Ne le fais pas mourir sans boire.
      M. IMBERT.

L'ENTHOUSIASME DE L'AMOUR.

J'aime une ingrate beauté,
Et c'est pour toute ma vie.
Je n'ai plus de volonté;
Ma liberté m'est ravie.
   Thémire a des rigueurs :
   Mais mon cœur les préfère
   Aux plus douces faveurs
   De toute autre Bergère.

Quand aux champs, dès le matin,
Le soin du troupeau l'appelle,
Le ciel devient plus serein,
Le jour se lève avec elle.
   Les amoureux Zéphirs
   Naissent de son haleine,
   Et mes tendres soupirs
   La suivent dans la plaine.

Le rossignol va chantant,
Joyeux de la voir si belle.
Le papillon voltigeant
La prend pour la fleur nouvelle.
   Pour mourir sur son sein,
   On voit les fleurs éclore;
   De l'éclat de son tein,
   La rose se colore.

Malgré sa timidité,
Qui la rend plus belle encore,

D'une douce volupté,
Dans ses yeux j'ai vu l'aurore;
Et sa bouche exprimer,
Par un tendre sourire,
Ce doux plaisir d'aimer,
Qu'elle craint et désire.

M. Favart.

LA MÉTAMORPHOSE.

Air : Nous autres, bons Villageois.

On file, avant d'être époux,
Le tissu de son esclavage;
L'amant est rampant et doux :
Le ver-à-soie est son image.
Dans ses propres nœuds renfermé,
Il devient froid, inanimé :
Mais bientôt, forçant sa prison,
Il s'envole en papillon.

M. Favart.

A UNE INFIDÈLE.

Air : Dans nos Hameaux.

Que de chagrins, de tourments et d'alarmes,
Ingrate Iris, tes rigueurs m'ont coûté !

Faut-il encor que je verse des larmes,
Pour déplorer ton infidélité ?

Tu me jurais une ardeur éternelle,
Et cependant tu me manques de foi :
Crois-tu trouver un amant plus fidèle ?
Il n'en est point qui t'aime autant que moi.

Ce beau berger, à qui tu voudrais plaire,
Sent pour Philis et pour toi même ardeur.
Quand tu m'aimais, la reine de Cythère
N'eût pas trouvé de place dans mon cœur.

Tes faux serments et tes trompeuses larmes,
N'ont pu ternir l'éclat de ta beauté :
Reviens; Iris, en faveur de tes charmes,
Je ferai grâce à ta légèreté.

CHAULIEU.

ANNETTE.

Annette, à l'âge de quinze ans,
Est une image du Printemps,
C'est l'aurore d'un beau matin,
   Qui ne veut naître,
   Et ne paraître
   Que pour Lubin.

Son teint bruni par le soleil,
Est plus piquant, est plus vermeil :
Blancheur de lys est sur son sein;
    Mouchoir le couvre,
    Et ne s'ent'rouvre
    Que pour Lubin.

Sa bouche appelle le baiser;
Son regrd dit qu'on peut oser ;
Mais tout autre oserait en vain :
    C'est une rose,
    Qui n'est éclose
    Que pour Lubin.

Feu Madame FAVART.

L'UNION DE LA NATURE.

Air : Ton humeur est, Catherine.

Fais-nous brûler de tes flammes,
Amour, c'est l'unique bien;
Mais pour former ce lien,
Tendres amants, pour notaires,
Ne prenez que le plaisir,
Pour témoins, que le mystère,
Pour prêtre, que le désir.

SAURIN.

L'ÉTEIGNOIR.

Air : Pierre Bagnolet.

D'un griffon, galant ridicule,
L'histoire est plaisante à savoir :
Il offrait à fille incrédule
Sa chandelle et la faisait voir.
      Sans s'émouvoir,
      Sans s'émouvoir.
La folette tira sa mule,
Et la fit servir d'éteignoir.

Au lieu de venger cette injure,
Les amours à malice enclins,
Riaient entre eux de l'aventure
Du doyen des amants blondins.
      Ces dieux badins,
      Ces dieux badins,
Se disaient : vois-tu la coiffure
Qu'on a mise au dieu des jardins ?
              Madame DESHOULIERES.

LE PORTRAIT D'ISMENE.

Air : Nous sommes précepteurs d'amour.

Amour, commence le tableau :
Qu'il sera beau, s'il est fidèle !
Voilà les couleurs, le pinceau :
Dessine amour, sois mon Appelle.

L'ouvrage est digne de ta main ;
Il s'agit du portrait d'Ismène.
Sur l'albâtre d'un front screin,
Trace deux jolis arcs d'ébène.

Peins sous leur voûte un œil charmant,
Cet œil trop rigoureux peut-être,
Qui, tour à tour fier et touchant,
Défend le désir qu'il fait naître.

Peins, sur ses lèvres de corail,
Les fleurs nouvellement écloses ;
De ses dents, pour rendre l'émail,
Peins des perles parmi des roses.

Avec art suspends ses cheveux,
Et tresse-les en diadême..
Laisse-les flotter, si tu veux,
Ce désordre lui sied de même.

Exprime le charme secret
De son doux et tendre sourire :
Peins ce qu'il dit, ce qu'il promet :
Moi, je peindrai ce qu'il inspire.

M. DORAT.

LA RENCONTRE.

Air : Accompagné de plusieurs autres.

Le premier du mois de janvier,
Je rencontris un savetier,
Entre sa boutique et la nôtre.
Il me dit fort éloquemment :
Commère, bon jour et bon an
Accompagné de plusieurs autres.

Moi, qui sais tout le compliment
Du jour de l'an tout couramment,
Comme je sais mes patenôtres,
J'réponds, sans chercher un moment :
Compère, et moi pareillement,
Accompagné de plusieurs autres.

Comment, dit-il, va le voisin,
Et la cousine et le cousin?
Comment se portent tous les vôtres?
Comment l'enfant se porte t'y?
Comment se porte le mari,
Accompagné de plusieurs autres.

Commère, entrez, entrez chez nous;
J'ons d'excellent vin à six sous :
Le vôtre ne vaut pas le nôtre
Je n'me fis pas prier beaucoup,
J'entris, nous y bûmes t'un coup,
Accompagné de plusieurs autres.

Quand il eut bien lavé son cœur,
Le voilà qui, comme un seigneur,
Le long de la table se vautre,
Et me fait poliment la cour,
En poussant un hoquet d'amour,
Accompagné de plusieurs autres.

Il devient trop entreprenant,
Je le repousse rudement ;
Sus vot'respect, j'l'envois aux piautres.
Il met la main dans mon corset;
Je le régale d'un soufflet,
Accompagné de plusieurs autres.

Il m'embrassa, je me fâchis ;
Il redoubla, je m'appaisis ;
Il savait bien, le bon Apôtre,
Qu'un premier baiser nous déplaît,
Mais qu'on pardonne quand il est
Accompagné de plusieurs autres.

L'abbé FLEURI.

LA CEINTURE.

Air : Tarare, pon, pon.

C'est approchant comm'çà,
　Vers novembre
　Ou décembre,
Que Flore me donna

Un rendez-vous pour ça :
En entrant dans sa chambre,
Flore dit : Ah ! pour ça,
Ah ! l'Abbé, sent-on l'ambre
　　Comm'ça.

La Dulac est comm'ça,
　　Réplique
　L'abbé R'lique;
Mais son ambre à cela
De me rendre comm'ça :
Abbé, dit-elle, unique,
L'on ne voit sonica,
Qu'un ecclésiastique
　　Comm'ça.

Je ne suis pas comm'ça
　　Si preste,
　　Malpeste?
Mon mari jaloux, m'a
Mise en cage comm'ça.
La ceinture funeste
Que vous me voyez-là,
Vous interdit un geste
　　Comm'ça.

Je n'ai rien vu comm'ça ;
　　Le traître,
　　Dit le prêtre !
Ce chien de mari-là !
Gêner un cœur comm'ça !
Sans que j'en sois le maître,
Cette vue a déjà
　Fait que je cesse d'être
　　Comm'ça.

Une histoire comm'ça,
 Dit la belle,
 Est nouvelle ;
Quel tour plaisant c'est là !
L'abbé, j'en ris comm'ça.
L'abbé riant comme elle,
Fait ses adieux, s'en va,
Laissant la demoiselle
 Comm'ça.

M. COLLÉ.

L'ABSENCE DE THEMIRE.

Air ; Vous qui toujours suivez mes traces.

Thémire fuit : un vaste espace
Déjà la dérobe à mes yeux ;
Elle fuit : ô triste disgrâce !
Ici j'ai reçu ses adieux.

Viens-tu d'auprès d'elle, ô zéphire ?
Oui, sans doute, elle t'attirait...
Viens, approche, et que je respire
Le souffle qu'elle respirait.

Ruisseau, sur les pas de Thémire
Coulez à flots précipités ;
Et dites-lui que tout soupire
Dans les vallons qu'elle a quittés.

Dites-lui que, de la prairie,
Son absence a séché les fleurs;
Que des bois la feuille est flétrie;
Que je languis, que je me meurs.

Quel heureux vallon ma bergère
Orne-t-elle de ses appas?
Foulé par sa danse légère,
Quel gazon fleurit sous ses pas?

Quel est le fortuné bocage
Que ses accents font retentir?
De lui retracer son image,
Quelle fontaine a le plaisir?

M. MARMONTEL.

LE CRITIQUE EMBARRASSÉ (1).

Air de Joconde.

Mais voyez donc quel tour affreux.
L'ami Laujon me joue!
Tout ce qui frappe ici mes yeux,
Il faut que je le loue!

---

(1) Couplets faits à l'occasion d'une fête donnée, le 23 juillet 1774, au château de Vanves, à Madame, et Madame Élisabeth, par Mademoiselle de Bourbon-Condé. (M. Laugeon avait obtenu, pour l'auteur de ces couplets, la permission de voir cette fête, où peu de personnes étaient admises.

Par lui, d'être admis en ces lieux
   J'obtiens le privilége ;
Et c'est.... c'est... (j'en suis furieux)
   Pour me tendre ce piége.

Concevez-vous cette noirceur ?
   Sans critique, j'admire !
Exposer un grave censeur
   A ce cruel martyre !...
Lisez, dans mes yeux abattus,
   Ma triste destinée ;
Je puis dire, comme Titus :
   Je perds une journée.

Imaginez tous les attraits ;
   Madame les efface.
J'ai décoché d'assez bons traits
   Sur les Nains du Parnasse :
Mais ses beaux yeux, sa douce voix,
   Font bien plus de blessures ;
L'amour n'a point dans son carquois,
   De flèches aussi sûres.

Sa sœur naquit, et Jupiter
   Dit aussitôt : « Déesses,
» A cet enfant, qui nous est cher,
   » Prodiguez vos largesses :
» Minerve, dès ses jeunes ans,
   » Prenez soin de l'instruire ;
» Muses, donnez-lui vos talents :
   » Grâces, votre sourire. »

Voilà-t-il pas encor Bourbon,
   Qui force mon hommage ?

Jeunesse, esprit, beauté, raison,
  Elle a tout en partage :
Ses pas font naître plus de fleurs
  Que les pas de l'Aurore;
Mais c'est sans répandre des pleurs
  Les ris les font éclore.

Laujeon, tu me paieras ce tour;
  Et le premier ouvrage
Que ta muse doit mettre au jour,
  Expira cet outrage :
Oui, je t'apprendrai, sur ma foi!
  Dans mon Martyrologe,
A me réduire, moi! moi! moi!
  Au style de l'éloge!

FRÉRON.

LE CHOIX DIFFICILE.

Air : Réveillez-vous, belle Endormie.

Entre le vin et la tendresse,
Je ne saurais faire de choix ;
Je ne puis vivre sans maîtresse,
Et je me meurs si je ne bois.
Chacun d'eux m'anime et m'engage ;
Le plaisir en est différent :
Iris m'en donne davantage ;
Bacchus m'en donne plus souvent.

FRÉRON.

LES REMERCIMENTS.

Air : Vous avez bien de la bonté.

Dans un bois je vis l'au're jour
    Villageoise jolie,
Et qui me parut, en amour,
    N'être pas guérie.
En l'abordant, sur sa beauté,
Je vantai fort la Jouvencelle :
    Ah! me dit-elle,
    Monsieur, en vérité,
Vous avez bien de la bonté.

Tes yeux, lui dis-je, mon Enfant,
    Ont pénétré mon ame;
Je mourrai, si, dans cet instant,
    Tu n'apaises ma flâme;
De l'un et de l'autre côté,
J'applique un baiser à la Belle :
    Ah! me dit-elle, etc.

A ces mots, la reconnaissant
    Simple autant que charmante,
Je devins plus entreprenant,
    Elle, plus complaisante.
Certes, m'écriai-je enchanté,
Cette gorge est d'une pucelle :
    Ah! me dit-elle, etc.

Ma main, au gré de mes désirs,
    Et constante et volage,
Sur un sein fait pour les plaisirs,
    Termine son voyage :
Que d'appas, dis-je transporté,
Ton joli cotillon recelle !
    Ah ! me dit-elle, etc.

Asseyons-nous sur ce gazon,
    Lui dis-je, mon aimable.
Fort bien : prends à présent leçon
    D'un jeu tout agréable.
Poussant à bout la liberté,
Je ne la trouvai point rebelle :
    Ah ! me dit-elle, etc.

Tous les deux, dans l'étroit séjour
    Qu'habite le délice,
Nous préparions au Dieu d'amour
    Un ardent sacrifice ;
Quand son petit cœur agité,
Fit tourner sa vive prunelle :
    Ah ! me dit-elle, etc.

Contens trois fois, nous nous quittons ;
    La belle s'en afflige.
Souvent je viens en ces cantons :
    Console-toi, lui dis-je,
Demain, dans ce bois écarté,
Je te promets leçon nouvelle :
    Ah ! me dit-elle,
    Monsieur, en vérité !
Vous avez bien de la bonté.

                      GALLET.

LES SOUHAITS.

Air : Réveillez-vous, belle endormie.

Que ne suis-je la fleur nouvelle
Qu'au matin Climène choisit,
Qui, sur le sein de cette belle,
Passe le seul jour qu'elle vit !

Que ne suis-je le doux Zéphire
Qui flatte et rafraîchit son teint,
Et qui pour ses charmes soupire
Aux yeux de Flore qui s'en plaint !

Que ne suis-je l'oiseau si tendre,
Dont Climène aime tant la voix,
Que même elle oublie, à l'entendre,
Le danger d'être seule au bois !

Que ne suis-je cette onde claire
Que, contre la chaleur du jour,
Dans son sein reçoit ma bergère
Qui se croit la mère d'amour !

Dieux ! si j'étais cette fontaine,
Que bientôt mes flots enflammés.....
Pardonnez : je voudrais, Climène,
Etre tout ce que vous aimez.

LA MOTTE.

A MADAME **.

Air de Joconde.

Pourquoi vous offrir à mes yeux
   Si brillante et si belle?
L'éclat qui vous suit en tous lieux
   N'est pas d'une mortelle :
L'Amour emprunte vos attraits
   Pour faire des conquêtes,
Et laisse reposer ses traits
   Dans les lieux où vous êtes.
HAMILTON.

LE MOINEAU DE LESBIE.

Air : Nous sommes précepteurs d'amour.

Grâces, pleurez; pleurez, Amours;
Le moineau chéri de Lesbie
Vient de finir ses heureux jours :
Les dieux lui portaient trop d'envie.

Elle l'aimait plus que ses yeux :
Il était si beau, si fidèle !
Mille baisers délicieux
L'enchaînaient toujours auprès d'elle.

Si quelquefois il voltigeait,
Un signe, la moindre caresse,
Tout aussitôt le ramenait
Sur le beau sein de sa maîtresse.

Mais, hélas! cet aimable oiseau
Descend sur le sombre rivage;
Parque inhumaine, ton ciseau
De l'Amour a détruit l'ouvrage!

Inflexible Divinité,
Rien n'amollit ton cœur barbare;
Sous tes coups tombe la beauté
Dans l'affreuse nuit du Tartare.

O toi, qui faisais les plaisirs
De ma chère et tendre Lesbie,
Quoi! tu meurs! ses pleurs, ses soupirs,
Ne peuvent te rendre à la vie!

Oiseau digne d'un meilleur sort,
Objet de l'amour le plus tendre,
Vois quels regrets cause ta mort,
Par les pleurs que tu fais répandre.

RIGOLEY DE JUVIGNT.

LA CONSTANCE.

Air connu.

Je l'aimais d'un amour si tendre,
Celle qui cause mes tourments;
Elle a condamné sans l'entendre
Le plus fidèle des amants.
Grands dieux ! que je la trouvais belle,
Quand ses regards m'ouvraient les cieux !
Qui l'eût cru, que de si beaux yeux
Deviendraient ceux d'une cruelle?

Loin de sa présence chérie,
Je ne vis que par mon amour;
Ma raison, mon âme, ma vie,
Tout est au lieu de son séjour.
Mon seul plaisir, ma seule affaire,
Est d'y songer à tout moment;
Prononce-t-on ce nom charmant?
Tout étranger devient mon frère.

Sans espoir que ma voix l'attire,
Ma voix l'appelle tristement.
Je regarde, et mon cœur soupire
D'avoir appelé vainement.
Son nom, dans ce séjour sauvage,
Est gravé sur tous les ormeaux;
Il va croître avec leurs rameaux;
Mon amour croîtra davantage.

La Bruére.

LA MAUVAISE RECETTE.

Air : Un inconnu pour vos charmes soupire.

En vain je bois pour calmer mes alarmes,
Et pour chasser l'Amour qui m'a surpris :
    Ce sont des armes
    Pour mon Iris :
Le vin me fait oublier ses mépris,
Et m'entretient seulement de ses charmes.
          Le marquis DE LA FARE.

CANTIQUE SPIRITUEL
D'UN PARALYTIQUE.

Air : Ne v'là-t-il pas que j'aime ?

Pour moi vous croyez qu'il n'est plus
    De plaisir dans la vie;
Je trouve, moi, bien que perclus,
    Mon sort digne d'envie.

De mes pieds et mains engourdis,
    Lorsque je perds l'usage,
D'un avant-goût du paradis
    Je fais l'apprentissage.

N'avoir aucun sens en défaut
    Me paraît bien commode :
Car vous savez bien que là haut
    Tout change de méthode.

Nous laisserons en ces bas lieux
    La dépouille mortelle,
Et nous n'en jouirons que mieux
    De la vie éternelle.

Dans ce séjour délicieux
    Des célestes merveilles,
Nous aurons des plaisirs sans yeux,
    Sans mains et sans oreilles.

Aux plaisirs des sens renoncer
    Pour vous sera bien rude;
Et moi, de savoir m'en passer
    J'aurai pris l'habitude.

Un jour pourtant Dieu nous rendra,
    Consolez-vous, mesdames,
Nos yeux, nos mains, *et cœtera*,
    Nos corps avec nos âmes.
La Condamine.

LES DEUX MÉTAMORPHOSES.

Air : Des Triolets.

Quand l'amitié devient amour,
Adieu le repos de la vie :

On est tourmenté nuit et jour,
Quand l'amitié devient amour.
Craignons quelque fâcheux retour,
Fuyons la douce sympathie;
Quand l'amitié devient amour,
Adieu le repos de la vie.

Quand l'amour devient amitié,
Adieu le charme de la vie.
Quelle tiédeur! quelle pitié!
Quand l'amour devient amitié!
En vain l'estime est de moitié,
Au sein de la gloire on s'ennuie;
Quand l'amour devient amitié,
Adieu le charme de la vie.

De la Louptiere.

A MADAME ***.

Air : Il était une fille.

Depuis le plus grand prince
Jusqu'au moindre goujat,
Le petit-maître et le béat,
A Paris, en province,
Quiconque vous verra
D'abord se récriera..... Ah!

On conte cent miracles,
Qu'opèrent en tous lieux

Presque tous les jours vos beaux yeux ;
On vous suit aux spectacles,
Aux cours, à l'Opéra ;
Chacun dit : La voilà.... Ah !

L'autre jour un malade,
Qui n'en pouvait guérir,
Il était tout prêt d'en mourir,
Quand une seule œillade,
De vous sur lui tomba :
Le mort ressuscita..... Ah !

Passant près de vous Blaise
Reluquait vos appas,
Et soupirant, disait tout bas :
Jarni ! qu'on est bien aise,
Quand on tient dans ses bras
Une femme comm'çà...... Ah !

Un jour l'ermite Luce,
Qui vient ici quêter,
Craignant de se laisser tenter,
Renfonça son capuce,
Et trois fois se signa,
Vous nomma Satanas.... Ah !

Orgon, sexagénaire,
Plus avare qu'un juif,
Disait, en comptant son tarif :
J'y mettrais mon enchère,
Si cette beauté-là
Etait de l'Opéra..... Ah !

L'autre jour un bon moine,
Qui vous vit par hasard,
Disait d'un ton de papelard :
Le diable à saint Antoine,
Pour le mettre à quia,
N'avait qu'à montrer ça..... Ah !

Certaine demoiselle
Qui cherchait des chalans,
Et faisait valoir ses talents,
Disait : Ah ! qu'elle est belle !
Si j'avais ses appas
Que j'aurais de ducats..... Ah !

Sortant du séminaire,
Certain dévot abbé,
Qui n'avait jamais succombé,
En disant son Bréviaire,
Vous vit, vous admira,
Et son livre tomba..... Ah !

L'abbé DE LATTAIGNANT.

CHANSON A BOIRE.

Le dieu qui répand la lumière,
Va terminer sa course dans les flots,
Et quitte le matin l'humide sein des eaux,
Pour recommencer sa carrière ;
Mais, malgré l'ordre du destin
Qui lui fait éclairer le monde,

S'il couchait dans le vin comme il couche dans
l'onde,
Il ne sortirait pas de son lit si matin,
Il ne sortirait pas de son lit si matin.

SANADON.

MA MIE.

Air : Nous jouissons dans nos hameaux.

Qui par fortune trouvera
  Nymphes dans la prairie,
Celle qui le plus lui plaira,
  Tenez, c'est bien ma mie.
Si quelqu'une vient à danser,
  Et d'une grâce telle
Qu'elle ne fait les fleurs verser,
  Eh bien! c'est encore elle.

Si quelqu'un dit avec serment :
  Je donnerais ma vie
Pour être aimé rien qu'un moment,
  Tenez, c'est de ma mie.
Si quelqu'autre suit sans espoir
  La nymphe qu'il adore,
Content du charme de la voir,
  Eh bien! c'est elle encore.

Eglé vint aux jeux de Cérès,
  Et fut d'abord suivie;

Eglé revint le tour d'après :
 On ne vit que ma mie.
Si quelque nymphe a le crédit
 D'être toujours nouvelle
A vos yeux comme à votre esprit,
 Tenez! c'est toujours elle.

L'autre matin, sous ces buissons,
Une nymphe jolie
Me dit : J'aime tant vos chansons !
 Je dis : C'est pour ma mie.
Pour célébrer ses doux attraits,
 Fait-on une chanson nouvelle?
En y songeant l'instant d'après,
 On chante encor pour elle.

Je lui sais maint adorateur,
 Et n'en ai jalousie ;
Amour a mis tout mon bonheur
 Dans celui de ma mie.
Que servirait de m'alarmer ?
 La chose est naturelle ;
Amour l'a faite pour charmer,
 Et nous pour n'aimer qu'elle.

Prendre ainsi le doux nom d'amant
 Flatte ma fantaisie ;
Elle me plaît uniquement,
 Je l'appelle ma mie ;
Mais si j'étais la Déité
 Qui la forma si belle,
Je croirais n'avoir mérité
 Que d'être enchanté d'elle.

De Moncrif.

LE PRIX DE LA CONSTANCE.

Air : Des Triolets.

L'honneur de passer pour constant
Ne vaut pas la peine de l'être.
Doit-on briguer sincèrement
L'honneur de passer pour constant?
Près de l'objet le plus charmant
C'est bien assez de le paraître :
L'honneur de passer pour constant
Ne vaut pas la peine de l'être.

PAVILLON.

LA COQUETTERIE.

Air : De Joconde.

Iris, vous connaîtrez un jour
   Le tort que vous vous faites :
Le mépris suit de près l'amour
   Qu'inspirent les coquettes.
Cherchez à vous faire estimer
   Plus qu'à vous rendre aimable :
Le faux honneur de tout charmer
   Détruit le véritable.

FÉNELON.

L'HEUREUSE ILLUSION.

L'excès de la délicatesse
Est le poison de la tendresse ;
Il faut de la crédulité.

Un amant nous jure
Que de nous il est enchanté ;
Fût-ce une imposture,
Croyons qu'il dit la vérité.

Il est souvent fâcheux
De s'y trop bien connaître :
Se croire heureux,
N'est-ce pas l'être ?

LE SAGE.

LA VIGNE DU VOISIN.

Air : C'est la petite Thérèse.

La coutume est qu'au Parnasse
On vendange chez autrui :
Ovide, Tibulle, Horace,
Collé, Panard et Parni,
Chez vous nous cueillons la grappe
De la vigne des voisins.

Mais tout en faisant vendange,
Il est des messieurs discrets;
A petit bruit on s'arrange,
On retourne vos couplets;
Pas un mot ne leur échappe :
Mais, hélas! sans être fin,
Moi je dis : C'est de la grappe
De la vigne du voisin.

Un certain jour la Fortune
Fit rassembler ses amants;
Puis, montant à la tribune,
Leur donna ces documents :
Pour qu'à vos vœux je n'échappe,
Retenez bien ce refrain :
Mordez, mordez à la grappe
De la vigne du voisin.

On m'a conté qu'à Cythère,
Mais je vous le dis tout bas,
Le dieu d'amour, chez son frère,
Brise plus d'un échalas;
A son dégât rien n'échappe,
Et quand dort le pauvre hymen,
Le fripon mord à la grappe
Dans la vigne du voisin.

   Le vicomte DE LA POUJADE.

LA VIEILLESSE.

Air : Que ne suis-je la fougère?

Quand la vieillesse commence,
La douceur de soupirer
Est l'unique jouissance
Qu'il soit permis d'espérer.
L'Amitié fuit : l'Amitié tendre
Ose alors lui ressembler,
Mais trop peu pour rien prétendre,
Assez pour nous consoler.

Adieu, folle et douce ivresse
Que je pris pour le bonheur!
J'eus des sens dans ma jeunesse ;
Il me reste encor un cœur.
Que celle à qui je le donne
Daigne en approuver l'ardeur ;
Je dirai : Mes jours d'automne
Ont encor quelque chaleur.

Pour l'Amour tout est martyre,
Enthousiasme ou fureur ;
Pour l'Amitié qui soupire
Tout est plaisir et faveur.
Eglé règne sur mon âme
Sans en troubler le repos,
Et mes désirs et ma flamme
N'alarment point mes rivaux.

Je la verrai poursuivie
Par la foule des Amours,
Et le déclin de ma vie
Jouira de ses beaux jours.
Tel, sur sa tige inclinée,
Un vieux chêne de cent ans
Croit renaître chaque année,
Avec les fleurs du printemps.

M. Moreau.

LA BELLE DORMEUSE.

Air : Réveillez-vous, belle endormie.

Réveillez-vous, belle dormeuse,
Si ce baiser vous fait plaisir ;
Ou, si vous êtes scrupuleuse,
Dormez ou feignez de dormir.

Craignez que je ne vous éveille,
Favorisez ma trahison.
Vous soupirez!... Votre cœur veille ;
Laissez dormir votre raison.

Souvent, quand la raison sommeille,
On aime sans y consentir,
Pourvu qu'Amour ne nous éveille
Qu'autant qu'il faut pour le sentir.

Si je vous apparais en songe,
Jouissez d'une douce erreur :
Goûtez les plaisirs du mensonge,
Si la vérité vous fait peur.

DUFRESNY.

LE CONTRAT.

Air : De tous les capucins du monde.

Par-devant le dieu de Cythère,
Qui pour le moins vaut un notaire,
Iris, voulez-vous contracter
Une promesse respective?
Moi de vivre pour vous aimer,
Vous de m'aimer pour que je vive?
De tout mon cœur je sacrifie
A tous les plaisirs de la vie;
Le plaisir d'être aimé de vous,
Sur quelque espoir que l'on se fonde,
Est le moindre péché de tous,
Et le plus grand plaisir du monde.

DUFRESNY.

LE SONGE RÉALISÉ.

Air : Que ne suis-je la fougère?

Au fond d'un bois solitaire
Chloé rêvait que Lycas
L'invitait au doux mystère,
Et la pressait dans ses bras.
Morphée fermant sa paupière,
Ouvrait son cœur au plaisir;
Chloé cesse d'être fière,
Chloé commence à jouir.

Lycas, plein de sa tendresse,
Arrive en ce lieu charmant;
Il voit sa belle maîtresse
Dans ce doux égarement:
D'abord sa bouche vermeille
Reçoit son premier transport;
Chloé soupire et s'éveille,
Mais le plaisir la rendort.

Trois fois l'heureux téméraire
Touche au comble du bonheur;
Trois fois, d'un tendre salaire,
Chloé paya son ardeur.
Comme une fleur fraîche éclose,
Que caresse le zéphir,
Lycas, sur son teint de rose,
Voit le progrès du plaisir.

Hélas ! n'est-ce qu'un mensonge ?
Dit-elle en ouvrant les yeux ;
Si mon bonheur n'est qu'un songe,
Le vrai plaisir n'est qu'aux cieux :
Mais ma défaite est réelle ;
C'est Lycas, c'est mon amant :
Ah ! voilà comment, dit-elle,
Le bien nous vient en dormant !
Le marquis DE PEZAY.

LA FEINTE COLÈRE.

Dans un bosquet, près du hameau,
Colin caressait Isabeau :
   La jeune bergère,
   D'une main légère
   Le repoussait,
Le nommant téméraire ;
   Et lui jurait
   Qu'elle appellerait.

Sa chienne, qui voyait cela,
Croyant l'obliger aboya ;
   La belle, inquiette,
   Saisit sa houlette,
   Et l'en frappa,
Maudissant l'indiscrète :
Jugez par là comme elle appela.
L'abbé MANGENOT.

PLUS ON EST DE FOUS,
PLUS ON RIT.

Air connu.

Des frélons bravons la piqûre,
Que j'aime à voir dans ce séjour
Le joyeux troupeau d'Epicure
Se recruter de jour en jour !
Francs buveurs que Bacchus attire,
Dans ces retraites qu'il chérit,
Venez avec nous boire et rire...
Plus on est de fous, plus on rit.

Ma règle est plus douce et plus prompte
Que le calcul de nos savants ;
C'est le verre en main que je compte
Mes vrais amis, les bons vivants !
Plus je bois, plus leur nombre augmente
Et quand ma coupe se tarit,
Au lieu de quinze j'en vois trente !
Plus on est de fous, plus on rit.

Si j'avais une salle pleine
Des vins choisis que nous sablons,
Et grande au moins comme la plaine
De Saint Denis ou des Sablons,
Mon pinceau trempé dans la lie
Sur tous les murs aurait écrit :
« Entrez, enfants de la folie,..
» Plus on est de fous, plus on rit. »

Entrez, soutiens de la sagesse,
Apôtres de l'humanité,
Entrez, amis de la sagesse,
Entrez, amants de la beauté
Entrez, fillettes dégourdies,
Vieilles qui visez à l'esprit ;
Entrez, auteurs de tragédies...
Plus on est de fous, plus on rit.

Puisque notre vie a des bornes,
Aux enfers un jour nous irons ;
Et malgré le diable et ses cornes,
Aux enfers un jour nous rirons...
L'heureux espoir ! que vous ensemble ?
Or, voici ce qui le nourrit ;
Nous serons là-bas tous ensemble...
Plus on est de fous, plus on rit.
Armand GOUFFÉ.

L'ORAGE.

Air : Mon jeune cœur palpite.

Lise, entends-tu l'orage?
Il gronde, l'air gémit !
Sauvons-nous au bocage :
Lise doute et frémit.
Qu'un cœur faible est à plaindre,
Dans ce double danger !
C'est trop d'avoir à craindre
L'orage et son berger.

Mais cependant la foudre
Redouble ses éclats :
Que faire et que résoudre?
Faut-il donc suivre Hylas?
De frayeur Lise atteinte,
Va, vient, fuit tour-à-cour :
On fait un pas par crainte,
Un autre par amour.

Lise au bosquet s'arrête,
Et n'ose y pénétrer :
Un coup de la tempête
Enfin l'y fait entrer.
La foudre au loin s'égare ;
On échappe à ses traits :
Mais ceux qu'Amour prépare
Ne nous manquent jamais.

Ce Dieu, pendant l'orage,
Profite des moments ;
Caché dans le nuage,
Son œil suit les amants.
Lise, de son asile,
Sortit d'un air confus ;
Le ciel devint tranquille :
Son cœur ne l'était plus.

COLLARDEAU.

LE VIN.

Air : du petit Matelot.

Pour mieux redoubler mon ivresse,
Je veux encor chanter le vin,
Cette liqueur enchanteresse
Où je sus noyer le chagrin.
Bacchus du plaisir est le père;
De son jus goûtons la douceur :
Mes amis, c'est au fond du verre
Que l'homme trouve le bonheur.

Le vin nous conduit à la gloire,
Il anime tous nos travaux;
Quelquefois, à force de boire,
Le poltron devient un héros.
Le vin nous donne de la grâce,
(Bacchus est l'ami d'Apollon :)
Il inspira les vers d'Horace,
Et les chansons d'Anacréon.

Au dieu qui préside à la treille,
L'amour souvent dut ses succès:
Pour mieux blesser, dans la bouteille,
L'enfant malin trempe ses traits.
En buvant, la belle soupire,
Elle ne voit plus le danger;
Et du vin, l'aimable délire
Fait sonner l'heure du berger.

Pour chanter le cours de la vie,
Ne songeons point au lendemain;
Et pour toute philosophie
Répétons toujours ce refrain :
Bacchus du plaisir est le père,
De son jus goûtons la douceur,
Mes amis, c'est au fond du verre
Que l'homme trouve le bonheur.

La Sablière.

A MADAME**.

Air : du Menuet d'Exaudet.

Quand je vois
Ce minois,
Plein de charmes ;
Que je contemple ses yeux,
Où le plus grand des dieux
A déposé ses armes ;
Jeune Iris,
Je languis,
Je soupire,
Et tu devines déjà
Ce que ce soupir-là
Veut dire.

Mais le mal qui me possède
A besoin d'un prompt remède ;

Hâte-toi,
Aime-moi
Comme j'aime;
En soulageant ma langueur,
Tu feras ton bonheur
Toi-même.

Trop d'orgueil
Est l'écueil
Du bel âge :
Le temps qui sans cesse fuit,
Sans cesse t'avertit
D'en faire un doux usage :
Dès ce jour,
C'est l'amour
Qu'il faut suivre;
Hélas! comment s'en passer ?
Aimer, c'est commencer
A vivre.

L'abbé FLEURI.

A MADAME***

SUT LE GAIN D'UN PROCÈS.

Air : Des Folies d'Espagne.

Vous triomphez, ma joie en est extrême :
Ah ! dès longtemps tout serait décidé,

Si vous eussiez sollicité vous-même :
Mieux que Gerbier, vos yeux auraient plaidé.

Vos doux attraits, brillants sans artifice,
Auraient dicté les arrêts de la cour:
Et le bandeau de l'aveugle Justice
Aurait fait place au bandeau de l'amour.

Enfin la cour a jugé votre affaire :
Mais de votre ame ou bien de vos attraits,
Qui doit en vous davantage nous plaire ?
Charmante Eglé, c'est encore un procès.

M. l'abbé de Lille.

COUPLET.

Air : de Joconde.

Lubin dit à Cloris un jour :
   Qu'on souffre quand on aime!
Je crains, dès qu'on vous fait la cour,
   Votre inconstance extrême
Je sais, lui dit-elle, à tes maux
   Un remède suprême :
Veux-tu n'avoir point de rivaux ?
   Il faut t'aimer toi-même.

Le Même.

JOUISSONS DU TEMPS PRÉSENT.

AIR CONNU.

Nous n'avons qu'un temps à vivre,
Amis, passons-le gaîment ;
De tout ce qui va le suivre
N'ayons jamais aucun tourment.

A quoi sert d'apprendre l'histoire?
N'est-ce pas la même partout?
Apprenons seulement à boire,
Quand on sait boire, on sait tout.
   Nous n'avons, etc.

Qu'un tel soit général d'armée,
Que l'Anglais succombe sous lui ;
Moi, qui suis sans renommée,
Je ne veux vaincre que l'ennui.
   Nous n'avons, etc.

A courir sur terre et sur l'onde
On perd trop de temps en chemin ;
Faisons plutôt tourner le monde
Par l'effet de ce jus divin.
   Nous n'avons, etc.

Qu'un savant à chercher les planètes
Occupe son plus beau loisir :

Je n'ai pas besoin de lunettes
Pour apercevoir le plaisir.
   Nous n'avons, etc.

Qu'un avide chimiste exhale
Sa fortune en cherchant de l'or ;
J'ai ma pierre philosophale
Dans un cœur qui fait mon trésor.
   Nous n'avons, etc.

Au grec, à l'hébreu je renonce ;
Ma maîtresse entend le français,
Sitôt qu'à boire je prononce,
Elle me verse du vin frais.
   Nous n'avons, etc.

Par le comte de Bonneval, qui mourut pacha de Romélie, sous le nom de Soliman, en 1747.

LA VRAIE SAGESSE.

Air du Vaudeville d'Epicure.

Profitons de notre jeunesse,
C'est l'âge heureux de la gaîté :
Malgré la chagrine vieillesse,
Livrons-nous à la volupté :
Pourquoi, dans le printemps de l'âge,
Vouloir contraindre nos désirs ?

On est toujours assez tôt sage ;
Il n'est qu'un temps pour les plaisirs.

A vivre dans l'indifférence,
C'est traîner ses jours dans les fers ;
L'Amour double notre existence ;
On naît pour un autre univers.
Les sages sont ce que nous sommes ;
Ils sont soumis à deux beaux yeux :
Les cœurs froids ne sont que des hom-
mes,
En aimant, on s'égale aux Dieux.

« Renonce au cœur de ta Zelmire,
(Dirait le maître des mortels,)
» Et l'univers est ton empire;
» Si c'est trop peu, prends mes autels !
Moi, Dieu cruel ; moi, m'y résoudre !
Ton sceptre ne peut me charmer :
On s'ennuie à lancer la foudre,
Et jamais du bonheur d'aimer.

Pourquoi condamner cette flamme,
Qu'allume en nos cœurs la beauté?
Du plus pur rayon de leur ame
Les dieux ont fait la volupté !
Toi que j'aime, toi que j'admire,
Puisque notre ame ne meurt pas,
Je pourrai donc, ô ma Zelmire,
T'aimer au-delà du trépas !
MASSON DE MORVILLIERS.

LE VERGER DE L'AMOUR.

Romance du Tonnelier.

Dans un verger, Colinette
Vit un jour un beau raisin ;
Elle se croyait seulette,
Vite elle y porte la main :
Prenez garde, Colinette,
L'amour veille en ce jardin.

Dans un coin, comme en un gîte,
Le fripon l'attendait là ;
Il saisit sa main bien vite,
Et de son arc la blessa :
La pauvre fille interdite,
Fit un cri, puis soupira.

Ah ! ha ! dit-il, ma poulette,
Vous venez donc vendanger :
La faute, belle indiscrette,
Va vous donner à songer.
En vendange, une fillette,
Court souvent plus d'un danger.

AUDINOT.

CHANSON A BOIRE.

D'où vient, disait Lucas, qu'on voit entre ces rois
Toujours maille à partir, toujours quelquanicroche ?
Morguène, entre nous, sans reproche,
Je vivons mieux d'accord, nous autres villageois.
En voici la raison, me semble,
Lui répondit Grégoire en esprit fort :
Le moyen qu'ils soyons d'accord?
Ils ne buvons jamais ensemble.
Le moyen qu'ils soyons d'accord?
Ils ne buvons jamais ensemble.

AUTREAU.

CONSEIL BACHIQUE.

Air : A faire.

Par Cruset, INVALIDE (1).

Amis, si vous voulez m'en croire,
Vous n'aurez jamais que d'heureux jours
Livrez-vous au plaisir de boire,
Suivez Bacchus, fuyez les amours ;

(1) Cruzet, poète et soldat, eut les deux poignets coupés à la bataille de Denain, en 1712; il entra à l'Hôtel des Invalides, mais l'on s'aperçut, au bout de quelque temps, qu'il volait ses camarades. Il fit long-temps ce métier sans être découvert;

Noyez l'importune tendresse,
Dans les flots de ce nectar divin,
Et n'ayez plus d'autre maîtresse
Que votre bouteille et le bon vin.

Le Dieu, qu'on adore à Cythère,
En vain prétend régler nos désirs,
Bacchus peut seul les satisfaire,
Et nous veut procurer de vrais plaisirs :
Sous les appas de la tendresse
L'amour cache un dangereux poison ;
Ce Dieu nous tourmente sans cesse,
Et Bacchus endort notre raison.

Souvent pour toute récompense,
Pour prix de n'avoir jamais changé,
Par une juste préférence,
Un jeune cœur se voit outragé :
Mais par un plus juste partage,
Bacchus fait dispenser ses faveurs ;
Il fait à tous même avantage,
Et traite également les buveurs.

il s'était fait faire des étuis de cuir fort, dans lesquels entraient ses deux moignons. Le bout extérieur de ces étuis était fait d'un morceau de bois dans lequel étaient différentes ouvertures propres à recevoir les tiges de différents instruments, tels que rossignols, crochets, poinçons, etc. Il ouvrait ainsi les chambres et les armoires ; enfin, il fut pris en flagrant délit. Il fut condamné à mort par le conseil de guerre ; son jugement, à cause de la rareté du fait, fut commué par Louis XIV lui-même, en une prison perpétuelle. Il mourut à Bicêtre en 1717.

Une beauté coquette et fière,
Nous fait ressentir mille tourments,
Le caprice pour l'ordinaire,
Est la règle de ses sentiments :
Mais quand on chérit la bouteille,
On n'éprouve jamais ces malheurs ;
Plus on est assidu pour elle,
Plus elle fait goûter de douceurs.

LA FEMME ET LE PHILOSOPHE.

DIALOGUE.

Air : L'avez-vous vu, mon Bien-aimé ?

LE PHILOSOPHE.

Pour la raison, c'est un poison
Que d'avoir l'ame tendre.

LA FEMME.

De ce poison, n'a pas raison,
Qui cherche à se défendre.

LE PHILOSOPHE.

Douce raison, triste poison !

LA FEMME.

Charmant poison, triste raison !

LE PHILOSOPHE.

Point de poison, à la raison
Il faut bien qu'on se rende.

LA FEMME.

Point de raison, c'est du poison,
Monsieur, qu'on vous demande.

Le Chevalier de BOUFFLERS.

ELOGE FUNÈBRE
D'UN SEIGNEUR DE VILLAGE.

Air ; M. de la Palisse est mort.

En bons chrétiens pleurons la mort
De monsieur de la Rapinière,
Qui n'a jamais fait aucun tort...
A quiconque il n'en a pu faire.

A tous il offrait son appui,
Par une rare bienveillance :
Et l'on pouvait compter sur lui...
Quand on vivait dans l'abondance.

Des requêtes qu'on lui portait,
Il ne se lassa de la vie ;
Il lisait tout, tout écoutait...
Quand c'était son apologie.

Devant lui parler de procès,
C'était lui causer une angoisse;
Monseigneur ne plaida jamais...
Que contre toute sa paroisse.

Quoiqu'il se fut bien signalé,
Sa modestie était extrême.
A la guerre il avait brillé...
Car il en convenait lui-même.

A la cour, lorsqu'il se trouvait,
Sur ses pas volait mainte belle;
La reine même le suivait...
Quand il cheminait devant elle.

De la grandeur, ô triste sort!
Une fièvre éclipse la sienne,
Lès médecins le voyant mort...
Ne pensent pas qu'il en revienne.

Quel dommage, disent tout haut
Ses vassaux, que ce coup désole...
Qu'il ne soit mort dix ans plus tôt!
Pourtant faut-il qu'on se console.

GIRARD-RAIGNÉ.

LES *TU* ET LES *VOUS*.

A MADAME DE** ET A M. L'ABBE DE**.

Air de Joconde.

Entre vous, je vois, en honneur,
 Des traits de ressemblace.
Tes regards font fuir le malheur,
 Vos yeux l'indifférence.
Tu gagnes les cœurs à jamais.
 Et vous tournez les têtes.
Chaque moment voit tes bienfaits,
 Chaque jour vos conquêtes.

Mais l'abbé, je t'aime encor mieux,
 Soit dit sans vous déplaire.
Sans cesse tu fais des heureux,
 Et vous n'en faites guère,
Ta bienfaisance, et vos appas,
 Auront un sort contraire :
Tu pourrais trouver des ingrats ;
 Mais vous n'en sauriez faire.

Royou.

AUTANT EN EMPORTE LE VENT.

Air : Des simples Jeux de mon enfance.

Lucidas, prit, dans le bocage,
Un bel oiseau sous des buissons,
Et crut retenir le volage
Par un simple lien de joncs.
Que ta cage n'est-elle faite,
Lui disait-il! dès cet instant,
J'irais t'offrir à mon Annette;
Et l'amour sait ce qui m'attend.

Annette n'est point sévère :
Ton ramage lui plaira tant,
Que j'obtiendrai de la bergère,
En échange, un baiser comptant.
Qu'elle m'en donne un seul bien tendre,
Annette doit me l'accorder :
Les autres, je saurai les prendre,
Si je n'ose les demander.

Il dit, et songeant à la cage,
Détache une branche d'osier,
Puis revient, ardent à l'ouvrage,
Croyant tenir son prisonnier.
Mais hélas! il s'est fait passage;
Du lien l'oiseau s'est enfui,
Et tous les baisers, quel dommage!
Se sont envolés avec lui.

DORAT.

PORTRAIT DE SOPHIE.

Air : Pour la Baronne.

Pour Emilie,
Qu'un autre se laisse enflammer :
Si je n'avais pas vu Sophie,
Je pourrais me laisser charmer
Par Emilie.

Sur son visage,
Mille petits trous pleins d'appas
Des amours sont le tendre ouvrage,
Sans compter ceux qu'on ne voit pas
Sur son visage.

Sa gorge ronde
Est de marbre, à ce que je croi :
Car mortel encor, dans le monde,
N'a vu que des yeux de la foi
Sa gorge ronde.

REGNARD.

CE QUI GRISE ET DEGRISE.

Air du vaudeville de la Vallée de Barcelonnette.

De Bordeaux, Chablis ou Mâcon,
Bref, d'un vin que l'on prise,
Avons-nous vidé maint flacon?
Voilà ce qui nous grise. (bis.)

Mais pour dissiper du tonneau
 Le délire qui nous maîtrise,
Recourt-on, fontaine, à ton eau?
 C'est ce qui nous dégrise. (bis.)

Que sur le soir, quelque minois
 D'un coup-d'œil autorise
Nos petits soins, en tapinois, (bis.)
 Volà ce qui nous grise.
Nous croyons retrouver Ninon
 Dans celle qui nous favorise,
Et nous voyons Nina Vernon;
 C'est ce qui nous dégrise. (bis.)

Au jeu, par le gain alléchés,
 Tentons-nous l'entreprise?
Nous prospérons, pour nos péchés!
 Voilà ce qui nous grise. (bis.)
Pour nous calmer, le sort fatal
 Amène bientôt une crise
Qui nous conduit à... l'hôpital;
 C'est ce qui nous dégrise. (bis.)

Dans un cercle lisons nos vers,
 La troupe bien apprise
Loûra tout, à tort, à travers;
 Voilà ce qui nous grise. (bis)
Se riant de ces vains bravos,
 Le public qui les pulvérise,
Siffle le fruit de nos travaux;
 C'est ce qui nous dégrise. (bis.)

Des plaisirs de toutes façons,
Dont notre ame est éprise,
Sans crainte, amis, nous jouissons;
Voilà ce qui nous grise.
Continuons ainsi toujours;
Le temps, devant qui tout se brise,
Tranchera le fil de nos jours;
C'est ce qui nous dégrise. (bis.)

M. DE SAINT-LAURENT.

MALGRÉ VOUS.

Air du vaudeville des Scythes.

On prétend que dans ce bas monde
Nous ne devons compter sur rien,
Qu'on nous abuse, qu'on nous fronde,
Qu'on ne respecte aucun lien :
Ingrats, faites couler des larmes,
Femmes, trompez l'amant, l'époux;
L'indifférence a pour moi peu de charmes,
Je veux aimer, j'aimerai malgré vous.

Sombres disciples d'Héraclite,
Qu'affligent le mal et le bien,
Jaloux qu'un noir soupçon irrite,
Prévoyant tout, n'évitant rien,
Forgez-vous des peines futures;
Dussai-je vous mettre en courroux,
Loin d'approuver vos plaintes, vos murmures,
De vos chagrins je rirai malgré vous.

Au rang d'auteur chacun aspire,
Mais chacun peut à ce métier,
Comme un grand homme a su le dire,
Perdre de l'encre et du papier.
 Rimeurs qu'un vain orgueil domine,
 Et qui n'inspirez que dégoûts,
J'ai Despréaux, j'ai Molière et Racine ;
Plats écrivains, je lirai malgré vous.

Joyeux partisans de Grégoire,
Narguons les partisans de l'eau,
Qui prétendent qu'il faut en boire,
Que le vin trouble le cerveau.
Ce nectar soutient le génie :
 Piron, aux doux sons des glouglous,
Vidant son broc, fit la *Métromanie :*
Censeurs du vin, je boirai malgré vous.

Je suis d'un heureux caractère :
Prudent, j'évite les excès,
J'aime pourtant la bonne chère,
J'aime les plaisirs et la paix.
 Un noir ministre d'Esculape
 Ne me tâte jamais le pouls ;
Au moindre bruit de tous lieux je m'échappe :
Bretteurs, docteurs, je vivrai malgré vous.

M. P. J. CHARRIN.

ÉPITHALAMES;

ou

COUPLETS ET COMPLIMENTS ADRESSÉS A
DES ÉPOUX LE JOUR DE LEUR MARIAGE.

POUR UN MARIAGE.

Air : Vive le vin ! vive l'amour !

Vive l'hymen ! vive l'amour !
Le nœud formé dans ce beau jour
A jamais les réconcilie ;
Amans, époux dignes d'envie,
Comblez vos plus tendres désirs.
Avec l'hymen changez-les en plaisirs,
Et que l'amour les multiplie.

A ADÉLAIDE D**,

SUR SON MARIAGE.

Air : L'hymen est un lien charmant.

L'hymen, de ses nœuds les plus doux,
Unit deux cœurs pleins de tendresse ;
Mêmes sentiments, même ivresse,
Enflamment ces jeunes époux.

Qu'il est beau ce pélerinage
Qu'ils entreprennent de moitié !
Le bonheur sera leur partage,
Puisque l'Amour et l'Amitié
Sont leurs compagnons de voyage.

Toi qui possèdes à la fois
Tous les talents et l'art de plaire,
Sois sensible et jamais légère ;
Ton époux chérira tes lois.
Fatigué du pélerinage.
Si l'Amour chancelle en chemin,
S'il est tenté d'être volage,
Que sa sœur, lui prêtant la main,
Lui fasse achever le voyage.

COUPLETS
adressés
PAR UN JEUNE HOMME A UNE VEUVE

Qu'il recherchait en mariage.

AIR : Sylvie à l'âge de quinze ans.

Je vais contracter un lien
Que l'Amour règle avec sagesse ;
Contentement, voilà le bien
Plus précieux que la richesse :
Dans l'âge brillant de l'amour
Tout s'embellit en perspective ;
Mais souvent un cruel retour
Rend l'illusion fugitive.

Ce n'est pas de même avec toi,
Car les talents que tu possèdes
De t'aimer me font une loi
A laquelle il faut que l'on cède.
Toi seule feras mon bonheur,
Ta rare vertu me l'assure ;
Et l'excellence de ton cœur
Est un trésor de la nature.

Je chérirai tous tes enfants,
Comme s'ils étaient à moi-même ;
Trouver en eux tes agréments
Sera pour moi bonheur suprême :
Puisse l'hymen, ce dieu charmant,
M'en donner encore davantage,
Et je bénirai le serment
Dont l'amitié devient le gage.

COUPLETS

POUR UNE NOCE.

Air du pas redoublé.

L'hymen est le plus beau des dieux
　　Lorsque la sympathie
Vient d'un attrait délicieux
　　Sans cesse orner la vie.
Alors il nourrit le désir,
　　Des fleurs forment ses chaînes ;
Il accroît encor le plaisir,
　　Et console des peines.

Jeunes amants, un sort si doux
  Est le bonheur suprême;
Par le cœur vous êtes époux,
  Soyez toujours de même.
Si vous voulez de tous vos jours
  Faire des jours de fêtes,
Sachez bien demeurer toujours
  Ce qu'aujourd'hui vous êtes.

LE LENDEMAIN DES NOCES.

Air : Le lendemain.

Hier, de la folie
Disciples francs et joyeux,
  Nous avons d'Emilie
Célébré l'hymen heureux.
Que la gaîté soit parfaite!
Encore un petit refrain;
Il n'est pas de bonne fête
  Sans lendemain.

La pudeur sied à l'âme,
Elle ajoute à la beauté?
  Mais quand l'on devient femme,
On cède à la volupté.
La veille d'un mariage
  'on est timide... l'on craint...
Iais on a plus de courage
  Le lendemain.

Pour parer l'innocence
De ses plus beaux ornements,
L'amour et la constance
Ont réuni leurs présents.
Qu'elle était belle, Emilie,
La veille de son hymen !
Elle est encor plus jolie
Le lendemain.

Que dans votre ménage
Le bonheur brille à jamais ;
Surtout point de nuage,
Faites-y régner la paix.
D'aimer faisant votre gloire,
Après cinquante ans d'hymen,
Puissiez-vous encor vous croire
Au lendemain !

A DEUX AMANTS,

LA VEILLE DE LEUR MARIAGE.

Jeunes amants, heureux époux,
Qui touchez au moment le plus beau de la vie,
L'un de vous dans mon cœur a fait naître l'envie,
Et l'autre un sentiment plus doux.

SUR UN MARIAGE.

Air : Comment goûter quelque repos?

L'Amour de l'Hymen est jaloux,
Et de la pompe qu'il apprête,
Il veut disposer de la fête,
Et du plaisir de nos époux;
A tant d'ardeur, à cet air tendre,
Ces transports, ces empressements,
Il les a pris pour des amants :
Puisse-t-il toujours s'y méprendre!

A UNE AMIE,
LE JOUR DE SON MARIAGE.

On voit un époux quelquefois
Redouter le nœud qui le lie;
Il songe, hélas! que pour la vie
L'hymen va décider de son choix.
L'avenir, pour toi sans nuage,
Transporte ton cœur enchanté :
Grâces, vertus, talents, bonté,
T'assurent la félicité
Que l'on voit régner au village.

J'entends répéter chaque jour :
A Paris tout est politesse;

On vous accueille, on vous caresse,
Mais on se trompe tour à tour.
Ici, précieux avantage,
Nous apercevons réunis
Parents, époux, enfants, amis,
Polis comme on l'est à Paris,
Et francs comme on l'est au village.

A DEUX EPOUX,

LE JOUR DE LEUR MARIAGE.

Air : Au sein d'une fleur tour à tour.

Tous vos parents, tous vos amis,
Enchantés de votre hyménée,
Par l'amitié sont réunis
Pour célébrer cette journée :
C'est un bonheur d'être lié
Au tendre objet que l'on adore;
Mais sous les yeux de l'amitié
Ce bonheur est plus vif encore.

A UN GUERRIER,

LE JOUR DE SON MARIAGE.

Air : Flore n'a pas besoin d'aïeux.

Présents du ciel, bienfaits charmadts,
Tendre Amour, aimable Hyménée,
Vous seuls de nos plus beaux moments
Serrez la chaîne fortunée.

Qu'il est doux pour un jeune cœur
De vivre sous votre puissance!
L'Amour lui donne le bonheur,
L'Hymen lui donne l'innocence.

Des biens, jusqu'alors inconnus,
Viennent doubler sa jouissance;
Tous ses plaisirs sont des vertus,
Tous ses devoirs des récompenses.

Puissent les serments de ce jour
Gardés, chéris toute la vie,
Donner des belles à l'Amour,
Et des héros à la Patrie.

Heureux époux, vos descendants
Seront dignes de leurs modèles :
Les fils du lion sont vaillants,
Ceux de la colombe, fidèles.

FILLE À MARIER.

100,000 F. DE DOT.

Air : Ah ! votre prévoyance est vaine.

Jeunes gens, vieux célibataires,
Qui n'avez pas de femme à vous,
Et qui voulez devenir pères,
Ou du moins devenir époux ;

Courez à ma fille Céleste
Offrir vos vœux et votre encens :
Je ne crains pas qu'elle me reste :
En dot elle a... cent mille francs.

Ma Céleste est fort économe,
Mange fort peu, boit encore moins;
Au dîner de son petit homme
Elle apportera tous ses soins.
Des cuisiniers que l'on renomme
Elle possède les talents :
Si son époux est gastronome,
Cela vaut bien dix mille francs. 10,000 f.

A son nom, d'heureuse origine,
Sa beauté ne répond pas mal.
Est-ce la rose purpurine ?
Non, c'est le bouton virginal.
Des amants le tendre langage
N'a jamais agité ses sens;
Etre jeune, jolie et sage,
Cela vaut bien vingt mille francs. 20,000 f.

Ma Céleste, cherchant à plaire,
De la mode observe les lois;
Mais et modiste et couturière
Se trouvent au bout de ses doigs.
En toilette point de dépense !
Je le demande aux soupirants,
Si cet article, en conscience,
Ne vaut pas trente mille francs. 30,000 f.

De danser ma fille est bien aise,
Mais, ne voulant rien dépenser.
Dans sa chambre, avec une chaise,
Céleste s'amuse à walser.
Ni bal, ni spectacle, ni fête,
Combien ces trois points importants?
En connaisseur, je les arrête
Pour le moins à vingt mille francs. 20,000 f.

Il s'en faut encore de vingt mille
Que je ne trouve mon total...
Un instant, Céleste est docile,
Son caractère est doux, égal;
Jamais le plus léger nuage;
De la bonté dans tous les temps;
Ah! de la douceur en ménage
Vaut, ma foi, bien vingt mille francs. 20,000 f.

Total général, 100,000 f.

UNE MÈRE A SA FILLE.

LE JOUR DE SON MARIAGE.

Air : J'ai vu partout dans mes voyages.

Puisque le dieu d'hymen t'engage,
Ma fille, écoute mes avis :
On est heureux dans son ménage
Lorsqu'on est toujours bien unis;

Et si quelque léger nuage
Dans le tien s'élevait un jour,
Tu dois, pour dissiper l'orage,
Redoubler de soins et d'amour.

L'égoïste célibataire
Au nom d'hymen entre en courroux :
Il ignore qu'un tendre père
Jouit des plaisirs les plus doux ;
Sous les lois de l'ymen, sans peine
S'écoulent des jours enchanteurs.
Si l'époux chérit une chaîne
Que l'épouse couvre de fleurs.

Heureux mille fois le ménage
Dont un enfant comble les vœux !
De tous deux c'est la vive image :
« Voilà ton front. — Voici tes yeux. »
C'est ainsi qu'heureux père et mère
Vous vous exprimerez un jour,
Et ce fruit d'un hymen prospère
Semblera doubler votre amour.

UN EPOUX A SON ÉPOUSE,
LE JOUR DE SON MARIAGE.

Air : Avec les jeux, dans le village.

O toi que mon âme a choisie
Pour faire ma félicité !
Toi qui dois embellir ma vie
Des roses de la volupté !
Reçois mon hommage sincère,
Sous les auspices de l'hymen.
C'est le Dieu même de Cythère
Qui t'offre mon cœur et ma main.

De cette union fortunée
Tout nous présage le succès :
Les Dieux ont quitté l'empirée,
Pour y surveiller de plus près.
Mars lui-même annoblit ces fêtes
Et laisse ses lauriers sanglants,
Pour y venir couronner nos fêtes
Du mirthe des heureux amants.

Par M. SIMON, de Troyes.

COUPLETS A UNE MARIÉE,

Air : l'Amitié vive et pure.

Le Dieu de l'hyménée
Triomphe chaque jour;
De ses mains couronnée,
Chloé sourit à l'amour.
Chloé charmante et sensible,
De Lycas fait le bonheur.
On cesse d'être inflexible
Quand la vertu parle au cœur.

A la seule nature,
Chloé doit tous ses attraits;
Elle plait sans parure,
Elle est aimable sans frais :
La candeur vive et touchante
Embellit encor Chloé;
Chez elle tout nous enchante,
Elle inspire la gaieté.

D'une sage constance
Lycas, recevez le prix.
Au sein de l'innocence,
Voyez les jeux et les ris.
Votre amour est légitime,
Et l'on approuve vos feux;
Les doux liens de l'estime
Vous réunissent tous deux.

Pleins d'une ardeur sincère,
Jouissez, heureux époux,
Et d'un destin contraire
Ne redoutez point les coups.
La volupté la plus pure
Doit suffire à vos transports;
La plus légère imposture
Serait le plus grand des torts.

Les lois de la déesse
Que l'on adore à Paphos,
En réglant la tendresse,
Donnent les jours les plus beaux.
Conservez avec prudence
L'illusion des plaisirs,
Sachez, dans la jouissance,
Vous ménager des désirs.

COUPLETS A UNE DAME,

LE LENDEMAIN DE SON MARIAGE.

AIR : Avec vous, sous le même toit.

Que vois-je? est-ce un enchantement,
Lise? quelle métamorphose !
Mais de plus près, en t'observant,
Je crois en deviner la cause.
Hier encor, de tes seuls attraits,
Lise, tu paraissais ornée.
Aujourd'hui, je vois dans tes traits
La majesté de l'hyménée.

Malgré cette noble fierté,
Je démêle sur ton visage,
Au travers de ta dignité,
Une rougeur d'heureux présage.
De couleurs un tendre surcroît
Sied à la fleur qui vient d'éclore,
Et quelque belle que l'on soit,
Le plaisir embellit encore.

Que ce vernis de volupté
N'alarme point ton innocence;
De ton âme la pureté
T'environne, prends ta défense,
Le lis, miroir de la pudeur,
Si dans un bouquet on le pose,
Sans rien perdre de sa blancheur,
S'anime des feux de la rose.

A UNE DAME

EN LUI DONNANT ÉNE ORANGE, LE PREMIER JOUR DE L'AN.

Paris, par un ordre divin,
Donna jadis la pomme à la plus belle;
A ce titre, aujourd'hui, vous l'auriez de sa main;
Je vous la donne, moi, comme à la plus fidelle.

A MADEMOISELLE ***.

AIR : Permettez-moi d'attendre à demain.

Aussitôt qu'un an se termine,
Mille vœux naissent tour à tour :
Pour t'en faire un, mon Euphrosine,
Qu'ai je besoin de ce grand jour?
Pour te souhaiter douce vie,
Plaisir sans fin, parfait bonheur,
Ah! c'est toujours ma tendre amie,
Le premier de l'an pour mon cœur.

REMERCIMENT D'UNE DEMOISELLE
A SA PROTECTRICE EN LA QUITTANT.

Par vos tendres bontés, près de vous accueillie,
Pour la dernière fois j'ose les implorer :
Mon bonheur le plus grand fut de les inspirer,
Je porte avec orgueil le nom de votre amie.
Je veux peindre en partant dans toute leur candeur,
Mon respect, mes regrets et ma reconnaissance,
Ces sentiments profonds que votre bienveillance,
D'un trait ineffaçable, a gravés dans mon cœur.

A DEUX EPOUX

LE JOUR DE LEUR MARIAGE.

Le dieu d'amour, le dieu d'hymen
Sont rarement unis ensemble;
Mais aujourd'hui votre lien
Les réunit et les rassemble :
Que toujours fixé parmi vous,
L'amour embellisse vos chaînes,
Le bon accord de deux époux
Change en plaisir toutes les peines.

Jouissez longtemps des douceurs
Que vous promet cette hyménée ;
Que les plaisirs sèment de fleurs
Une chaîne si fortunée.
Mais de peur que de ces douceurs
Notre souvenir nu s'efface,
Pour vos amis dans vos deux cœurs
Gardez toujours un peu de place.

LES BAISERS
DU JOUR DE L'AN.

AIR : Permets-moi d'attendre à demain.

Tout dans ce jour glace les ames ;
Froids complimens, vœux indiscrets ;
Baisers d'hommes, baisers de femmes,
Baisers perfides, pleins d'apprêts.

On y reçoit les vœux d'usage;
Mais il en est qui sont bien chers,
Baiser d'amitié dédommage
Des froids baisers qu'on a sonfferts.

A CLAIRE,
LE PREMIER JOUR DE L'AN.

AIR du pas redoublé.

Claire, vous savez des Amours
 Fixer l'essaim volage;
Des Grâces on parle toujours,
 Vous plaisez davantage.
Talens, vertus, plaisirs, bonheur,
 Tout chez vous nous ramène;
Et j'en sais qui, de votre cœur,
 Voudraient avoir l'étrenne.

A SA FILLE.

AIR: C'est à mon maître en l'art de plaire.

Et toi, ma fille, mon amie,
De l'hymen quand tu suis la loi,
Ce Dieu, qui désormais te lie,
Va bien t'éloigner de moi,
Mais ne crains pas que la distance,
Puisse altérer notre bonheur :
Souviens-toi que malgré l'absence,
Ta place est toujours dans mon cœur.

A DEUX EPOUX
LE JOUR DE LEUR MARIAGE.

Mon cœur partage ici les vœux
Que forme pour vous la tendresse :
Ah! pour être toujours heureux,
Gardez toujours la même ivresse,
Unis des liens les plus doux,
Demeurez à jamais fidèles :
Que, pour s'envoler de chez vous,
L'Amour ne trouve plus ses ailes.

COUPLETS
D'UN PÈRE A SES ENFANS, LE JOUR DE LEUR MARIAGE.

AIR : De la piété filiale.

Jeunes amans, unissez-vous,
Formez cette chaîne prospère.
Un sort heureux vous attend, je l'espère :
Mes chers enfants, vous serez bons époux ;
Et de l'amitié conjugale
Vous ne trahirez pas les droits,
Vous qui toujours avez suivi les lois
De la piété filiale.

L'amour ne dure qu'un printemps,
C'est le délire du jeune âge :

Il meurt au sein du plus heureux ménage,
Mais la vertu nous suit dans tous les temps:
  De la tendresse conjugale
  Elle entretient les sentiments,
Et des époux console les vieux ans,
  Par la piété filiale.

Soyez heureux, mes chers enfants,
  Notre bonheur dépend du vôtre;
Dans vos chagrins consolez-vous l'un l'autre,
Aimez-vous bien, aimez bien vos parents :
  A votre union conjugale
  Si le ciel sourit aujourd'hui,
Vous trouverez quelque jour un appui,
  Dans la piété filiale.

Mes enfants, d'un père attendri
  Ecoutez le touchant langage :
J'ai comme vous à la fleur du bel âge,
D'un doux hymen formé le nœud chéri;
  J'ai su pratiquer la morale
  Que je veux graver dans vos cœurs;
Et maintenant je goûte les douceurs
  De la piété filiale.

RONDE.
CHANTÉE AU MARIAGE D'UN AMI.

AIR : Eh gai! gai! gai! mon officier.

Hé gai! mes amis, chantons tous,
  Chantons avec ivresse,

Le bonheur que ces deux époux
  Ont en ce jour si doux,
  Le dieu de la tendresse
  Vient enflammer leurs cœurs :
  Epoux, avec sagesse,
  Usez de ses faveurs.
Hé gai! etc.

  Mais ce soir, à madame,
  Ami, prouve pourtant
  Que les feux de ton ame
  Sont ceux d'un bon vivant.
Hé gai! etc.

  Toi qu'on cite sans cesse,
  Comme bon travailleur,
  Que ce soir la tendresse
  Double encor ton ardeur.
Hé gai! etc.

  Mais dédaigne la route
  Qu'a tenue maint banquier;
  Ne fais pas banqueroute
  Au moment de payer.
Hé gai! etc.

  L'amour sur tout s'exerce;
  Mais ses fonds sont si grands,
  Qu'il ne fait son commerce
  Qu'en effets comptants.
Hé gai! etc.

Le dieu d'hymen son frère
A maintes fois failli ;
Mais lui, prompt en affaire,
A remboursé pour lui.

Hé gai ! etc.

CONSEILS

A UNE NOUVELLE MARIÉE.

Air : Gentille Boulangère.

Jeune et belle épousée,
Ecoutez un moment
Une morale aisée
Et toute en sentiment :
Qu'amour soit votre apôtre,
Votre seul directeur :
Il en vaut bien un autre,
C'est l'apôtre du cœur.

Femme soyez soumise,
Un grand saint vous l'a dit :
Mais ce saint, quoiqu'il dise,
Contre l'amour fléchit.
A son arrêt funeste
Opposer la douceur :
On règne sur le reste,
Quand on commande au cœur.

En amour comme en guerre,
Ceci soit dit tout bas,

Sans art et sans mystère
Ou ne réussit pas.
Qu'une simple parure
Relève vos appas :
Vénus sans ceinture
N'a jamais fait un pas.

Voulez-vous sur vos traces
Fixer le tendre amour?
Sacrifiez aux grâces
Et la nuit et le jour :
Surtout que la décence
Voile en vous le désir :
Gardez votre innocence,
Même au sein du plaisir.

Accordez avec peine,
Refusez sans aigreur ;
Avant qu'on vous obtienne,
Qu'il en coûte au vainqueur.
Pour faire un bon ménage,
Que, toujours amoureux,
Autant qu'il sera sage,
Votre époux soit heureux.

A UNE AMIE
LE JOUR DE SES NOCES.

AIR : Avec Iseult et les amours.

Du Dieu qui t'enchaîne à jamais,
J'éprouvais la douce puissance ;

Mes jours, dans ses nœuds pleins d'at-
traits,
S'écoulaient exempts de regrets ;
Je lui consacre ces couplets,
Tribut de ma reconnaissance.

Que je plains l'insensible cœur
Qui dans l'hymen voit l'esclavage !
Ah ! n'adopte point cette erreur !
L'hymen doit faire ton bonheur :
J'en ai pour garant ta candeur,
Et la fraîcheur de ton visage.

Hommes légers, sexe inconstant,
Que l'attrait du plaisir entraîne,
Malgré l'amour du changement,
Avouez qu'il vient un moment
Où pas à pas, le sentiment
Au pied de l'hymen vous amène.

La liberté peut quelque temps
Séduire votre ame infidèle ;
Elle permet tout à vos sens ;
Eh ! quel est l'homme de vingt ans
Qui ne promène son encens
De la plus laide à la plus belle.

A son tour l'hymen indulgent
Vous offre un bonheur légitime ;
Un regard tendre, intéressant ;
Une compagne au front décent,
Un sentiment attendrissant,
Et la paix qui nait de l'estime.

A ces plaisirs délicieux,
Immoler les plaisirs frivoles,
C'est, n'en déplaise aux envieux,
S'assurer des biens précieux,
Et pour le culte des vrais dieux
Abjurer celui des idoles.

N ECOLIER A UNE JEUNE MARIÉE

LE JOUR DE SES NOCES.

AIR : Au sein d'une fleur tour à tour.

Dans les pages d'un rudiment
Qui n'offre pas toujours des roses,
On s'instruit beaucoup et pourtant
On ignore encor bien des choses ;
Par exemple j'apprends ici,
Ce qu'on n'apprend pas dans mes classes,
Qu'on peut donner à son mari,
En une seule les trois grâces.

D'UN PÈRE A SA BRU ET A SON FILS

LE JOUR DE LEUR MARIAGE.

AIR : Des Visitandines.

D'un père écoutez le langage,
Il sera celui de son cœur ;
De vous voir heureux en ménage,
Je ferai mon plus grand bonheur.
Pour nous être toujours bien chère
Et toujours se faire adorer,
Ma bru n'aura qu'à se montrer
Digne de son aimable mère.

A SON FILS.

Air : Trouverez-vous un parlement.

Quand tu me fis part de ton choix,
Ah! je dus l'approuver sans doute,
De la félicité, je crois,
Mon fils, tu prenais bien la route.
Oui, pour moi ce jour si flatteur
M'offre l'assurance bien chère
Que l'hymen fera ton bonheur,
Comme il fit celui de ton père.

A MONSIEUR ***

LE JOUR DE SON MARIAGE.

Par cet hymen quels jours pour toi vont n[...]

Tu peux compter sur le sort le plus dou[x]
Les yeux de ta moitié te feront cent jalou[x]
Et ses rares vertus t'empêcheront de l'êt[re]

UNE MÈRE,

LE JOUR DU MARIAGE DE SA FILLE, A SO[N] GENDRE.

Air : A faire.

Vous qui, par un hymen prospère,
Aujourd'hui devenez mon fils,

Vous serez bon époux, bon père ;
Tous mes vœux seront accomplis.
Nouvel enfant de ma famille,
Aimez ma Lise, aimez-la bien :
Vous confier le bonheur de ma fille,
Ah ! n'est-ce pas vous confier le mien?

VERS
SUR DIVERS SUJETS.

POUR LE RETOUR D'UN PÈRE,
APRES UN LONG VOYAGE.

Air : *Comme j'aime mon Hippolyte.*

Lorsqu'après trois ans tu reviens
Me consoler par ta présence,
Quand mes yeux rencontrent les tiens
Puis-je penser à ton absence ?
Ton fils pressé contre ton cœur,
N'a rien à craindre sur la terre,
Car on peut braver le malheur,
Sous la protection d'un père.

Vois ton épouse auprès de toi ;
Comme elle paraît satisfaite
Le calme succède à l'effroi,
Et le plaisir la rend muette.
Ah ! renonce à l'appât trompeur
Qui t'entraîna dans ce voyage ;
Un peu d'or vaut il le bonheur
Qu'on goûte au sein de son ménage !

POUR LE RETOUR D'UN PERE.

Air : Chantez, dansez, amusez-vous.

Enfin, au comble de mes vœux
Je te revois, père adorable !
Est-il un destin plus heureux !
Mon bonheur est inexprimable.
Tes droits, l'amitié, tes bienfaits
T'en diront plus que ces couplets.

Va, tu peux croire à mes transports,
Ils sont vrais comme mon langage :
Mon cœur te chérit sans efforts :
On ne sait pas feindre à mon âge ;
Aimer sans art, rimer sans soin,
N'en suppose pas le besoin.

Souris à mon empressement ;
Partage ma vive allégresse :

Le plaisir est un sentiment
Quand on le doit à la tendresse ;
Oui, je l'éprouve en ce jour,
Qui rend un père à mon amour.

POUR LE RETOUR D'UNE MERE.

Air : O ma tendre musette.

Tes baisers, tendre mère,
Consolent mon amour,
Tout, ici, solitaire,
Appelait ton retour.
D'une trop longue absence
Ta fille gémissait;
Par ta douce présence
Son cœur est satisfait.

Le désir de te plaire
Dirige mes efforts ;
Sur la lyre légère
Je cherche des accords.
Si ma voix pouvait rendre
Tout ce que sent mon cœur,
Jamais lyre plus tendre
N'eût chanté le bonheur.

A UNE DAME

POUR LE JOUR DE SA FÊTE.

Couplets chantés par sa fille.

Air : Du nouveau Confiteor.

Ici tout doit aimer maman,
Tout doit l'aimer sans imposture;
Pour partager mon sentiment, bis.
Que tout s'unisse en la nature.
Tendres oiseaux, (*bis*) chantres des bois,
Unissez-vous tous à ma voix. bis.

O Flore, épuise tes bosquets,
Quitte ta demeure sacrée ;
Prodigue parfums et bouquets,
Aux pieds d'une mère adorée. bis.
 Tendres oiseaux, etc.

Jolis ruisseaux coulez plus doux ;
Zéphirs, restez sur nos rivages;
Restez, vous deviendrez jaloux
De nos chants et de nos hommages. bis.
 Tendres oiseaux, etc.

Et toi vieillard qui, tous les jours,
Guettes nos heures les plus belles;
Pour en précipiter le cours,
Près de maman reste sans ailes. bis.
 Tendres oiseaux, etc.

L'oiseau naissant, pour voltiger,
Essaye une plume éphémère;
Craintif au vent le plus léger,
Il retourne auprès de sa mère.
Dans cet oiseau, (*bis*) reconnais-moi.
Toujours je vivrai sous ta loi

COUPLETS

CHANTÉS PAR UNE DAME A SON MARI, AU RETOUR D'UN LONG VOYAGE.

Air : Du vaudeville des Deux Jumeaux.

Près de moi l'amour te ramène,
Je te revois, mon doux ami ;
Ton retour dissipe ma peine,
Ta présence éloigne l'ennui :
En est-il donc qui ne s'efface,
Quand on revoit ce qu'on chérit ?
C'est un beau jour qui prend la place
D'un jour orageux qui s'enfuit.

Pour jamais ne parlons d'absence,
Ce mot attriste trop mon cœur :
Vois quel miracle ta présence
Opère ici pour mon bonheur !
Auprès de toi l'hiver lui-même,
Sera pour moi le plus beau temps:
Quand on est avec ce qu'on aime
On trouve toujours le printemps.

AUTRE A UNE DAME.

POUR LE JOUR DE SA FÊTE.

AIR : Daigne écouter l'amant fidèle et tendre.

C'est l'amitié, ma chère et tendre amie,
Qui pour ta fête offre ici quelques fleurs;
Puissé-je donc, chaque jour de ta vie,
Pour toi, de Flore épuiser les faveurs !

Dans ce trajet, où tout fuit et se passe,
Dans cette vie où tout n'est qu'une erreur;
L'amitié reste et jamais ne s'efface,
Seule, elle fait l'existence du cœur !

CHANSON

POUR LA FÊTE D'UN JEAN.

AIR : Un jour Guillot et Guillemette.

L'aimable Jean qu'ici je chante
Mérite bien d'être fêté ;
Il n'est pas besoin qu'on le vante
Ni de flatter sa vanité.
Loin de nos cœurs toute imposture,
Langage faux, style apprêté ;

Par la vérité simple et pure,
L'éloge doit être dicté.

Oui, Jean, c'est ainsi qu'on l'appelle,
N'est pas ce que bien d'autres sont :
Jean-Farine, Jean-de-Nivelle,
Un Jean tout court, ou Jean-le-Rond,
Jean qui ne peut, Jean qu'on assomme,
Un Jean..... enfin, *et cætera* :
Notre Jean est un galant homme,
Et chacun de même dira.

Ce serait lui faire une offense
Que de faire comparaison :
Il n'a nul trait de ressemblance
Avec Jean de cette façon.
Fêté, couru de chaque belle,
Savant dans l'art de courtiser,
Ah ! Jean n'attend pas qu'on l'appelle
Pour leur ravir un doux baiser.

A le voir, sans peine on devine
Que Jean-Logne n'est point son nom.
Jean qui ne peut n'a point sa mine,
Ni Jean-Beau Sire, ou Jean-Tison.
Il est de meilleure origine
Que Jean des Vignes, Jean des Prés :
Quand on sait plaire, j'imagine
Qu'il ne faut point d'aïeux titrés.

Honnête et vertueux dans l'âme,
De ses amis Jean est chéri :

Il possède une aimable femme,
Il est bon père et bon mari ;
Mais, pour le faire mieux connaitre,
S'il faut que Jean soit surnommé,
Comme le feu roi notre maître,
Nommons-le Jean-le-Bien-Aimé.

Par M. Boutillier.

A UNE DEMOISELLE.

EN LUI PRÉSENTANT UNE ROSE, LE JOUR DE SA FÊTE.

Air : Faut attendre avec patience.

Voici la fleur qu'à votre fête,
On doit toujours vous présenter ;
La rose est l'image parfaite
De ce qui peut nous enchanter ;
Et, par le zéphir embellie,
Elle a, dans l'empire des fleurs,
Le rang que la belle Sophie
Occupe ici dans tous les cœurs.

COUPETS

POUR LE JOUR DE SAINT ALEXIS.

Air : Ne v'là-t-il pas que j'aime ?

Disons un mot pour Alexis,
  Non pour celui qu'on chôme,

Laissons en paix le paradis,
 Chantons un galant homme.

Dix-huit ans sous un escalier
 Le saint courba sa tête ;
Avec le nôtre, sans quartier,
 Dix-huit ans faisons fête.

Le pauvre homme veut échapper
 A femme trop jolie ;
Le nôtre, pour nous attraper,
 Lui consacre sa vie.

Il a raison, et je vous dis
 L'erreur de l'autre extrême ;
Car je maintiens le paradis
 Dans les yeux que l'on aime.

Laissons le saint se consumer :
 Haïr est sa folie ;
Le nôtre dit que bien s'aimer
 Commence l'autre vie.

D'un doux accord qui nous plaît tant
 Prenons ici l'exemple :
Prions l'Amour, en le chantant,
 Nous sommes dans son temple.

Epoux qui vivez satisfaits,
 Enchantés l'un de l'autre,
Croisse votre bonheur en paix,
 Et ce sera le nôtre.

Amis, aimons-les tous les deux :
  Quand on est à leur âge
On cède volontiers les cieux ;
  Un cœur plaît davantage.

CHANSON

POUR UN BAPTÊME.

Air connu.

A l'instant qu'il reçoit le jour
L'enfant est bercé par sa mère ;
Elle le présente à son père,
Qui veut le bercer à son tour.
Chacun lui sourit, le caresse,
Chacun s'intéresse à son sort :
A cet âge heureux on s'endort,
Toujours bercé par la tendresse.
  Dors... dors... dors...

Il grandit : son sensible cœur
Palpite au seul nom d'une femme,
Il aime, et bientôt il enflamme
L'objet digne de son ardeur :
Est-il une plus douce vie ?
C'est là sans doute l'âge d'or :
Heureux chaque soir, il s'endort
Bercé par la main d'une amie.
  Dors... dors... dors...

Le tendre Amour fuit sans retour,
L'homme a besoin d'une chimère ;
La fortune, hélas ! trop légère,
Le berce et la nuit et le jour ;
L'âge mûr ressemble à l'enfance :
Le vieillard, au lit de la mort,
Pour la dernière fois s'endort
Bercé par la douce espérance.
    Dors... dors... dors...

LA NAISSANCE D'UN FILS.

Air : Patrie, honneur (de la Somnambule).

Gentil enfant, qu'à deux époux chéris
Le ciel donne pour premier gage,
De leur hymen, à leurs yeux attendris,
Tu viens offrir une vivante image.
 Croîs, bel enfant, et sois bercé toujours
Par les plaisirs, les jeux et les amours.

De l'Amitié, qui vient à ton berceau,
Le baiser pur accueillit ta naissance ;
Et sur ton front elle imprima le sceau
De ce bonheur que donne l'innocence.

Croîs, bel enfant, etc.

Bénis ta mère , elle n'a pas pour toi
Salarié le sein d'une étrangère ;
De t'allaiter elle se fit la loi ,
Et tout à fait jura d'être ta mère.
Croîs, bel enfant, etc.

Reconnais-la ; chaque jour dans ses yeux
Montre-lui bien que les tiens savent lire :
Qu'elle ait, pour prix de tant de soins pieux ,
Tes premiers mots et ton premier sourire.
Croîs, bel enfant, etc.

Un jour sans doute un autre sentiment
Pour la beauté doit naître dans ton ame :
De la vertu que ce feu d'un moment
Laisse en ton cœur vivre la douce flamme.
Croîs, bel enfant, etc.

De la sagesse écoute un peu la voix ;
Plie en riant sous le joug qu'elle impose :
C'est à ce prix qu'elle permet parfois,
Sans l'effeuiller, que l'on cueille la rose.
Croîs, bel enfant, etc.

De ton pays les exploits, les malheurs
Seront bientôt gravés dans ta mémoire :
Fuis des lauriers qu'on arrose de pleurs ;
Pour vivre heureux, vis utile et sans gloire.
Croîs, bel enfant, et sois bercé toujours
Par les plaisirs, les jeux et les amours.

LE BONHEUR DE LA PATERNITE.

Air d'Aristipe.

Heureux celui qui du doux nom de père
S'entend bénir à chaque instant !
Qu'il soit ou non isolé sur la terre,
Il n'est plus seul s'il possède un enfant ;
A la douleur quand son ame succombe,
La main est là qui doit sécher ses pleurs ;
Et lorsqu'il meurt, il sait que sur sa tombe
Quelqu'un du moins viendra jeter des fleurs.

VERS A UNE AMIE,
POUR LA NOUVELLE ANNÉE.

Bon jour, bon an, aimable et chère amie !
Bonne santé tout le temps de ta vie.
Que le Très-Haut sur toi répande ses bienfaits,
Et comble en tous les temps tes vœux et tes souhaits !
Quel doux plaisir pour moi, quelles tendres délices
De te consacrer les prémices
Des vœux qui partent de mon cœur !
Si le ciel les exauce, ils feront ton bonheur.

COUPLETS

CHANTÉS A UN REPAS DE BAPTÊME.

Air : Du haut en bas.

Un nouveau né
Et nous intéresse et nous touche,
Un nouveau né
Mérite d'être chansonné.
Moi, sans que rien de m'effarouche,
A ce sujet ici j'accouche
D'un nouveau né.

Ce nouveau né
Saura plaire comme sa mère;
Ce nouveau né
De cent graces doit être orné.
Enviant le bonheur du père,
On voudrait faire avec la mère
Un nouveau né.

Je n'ai qu'un né,
Je n'en n'aime pas l'encolure;
Je n'ai qu'un né,
Par malheur il est mal tourné,
Mais on rirait bien, je vous jure,
S'il me venait sur la figure
Un nouveau né.

Le nouveau né,
Déjà je l'aime, on peut me croire ;
Ce nouveau né
Est cause que j'ai bien dîné.
Bel enfant, chantant à ta gloire,
Mes amis, ensemble il faut boire
Au nouveau né.

LE
PÈRE ET LA MÈRE
AU BERCEAU DE LEURS ENFANTS.

Air : Comment goûter quelque repos ?

Croissez, mes chers petits enfants !
Les chagrins respectent votre âge ;
Croissez, et qu'un jour sans nuage
Embellisse vos jeunes ans !
La gaîté convient à l'enfance ;
Riez ; il en est temps encor !
Hélas ! vous perdrez ce trésor,
Presqu'aussitôt que l'innocence.

Que le flambeau de la raison
Sur vous ne brille point encore ;
D'un jour malheureux c'est l'aurore ;
Redoutez son premier rayon !...
Un *bonbon* pour vous a des charmes ;
Un *joujou* fait couler vos pleurs !
Un jour' hèlas ! d'autres malheurs
Vous feront verser d'autres larmes !

De votre vie; heureux enfants,
Votre âge est le seul jour de fête !
Aux maux que le sort vous apprête
Puissiez-vous échapper longtemps !
Et puissent nos mains maternelles,
Du moins avant notre trépas,
Aux fleurs qui naissent sous vos pas,
Oter leurs épines cruelles !

RONDE.

POUR UN BAPTÊME.

AIR : **Ah ! v'nez voir danser.**

(*Valse auvergnate.*)

Chantons,
Célébrons
D'un cher poupon
L'heureuse naissance !
La présence
De cet enfançon
A ma chanson
Donne le ton.

La mère a su déjà
Oublier sa
Souffrance extrême ;
Un fils entre les bras
Craindrait-on même
Le trépas ?
Chantons, etc.

Le papa bien content
Voit dans l'enfant
Sa ressemblance,
Et par lui seul tous deux
Ont l'assurance
D'être heureux.
Chantons, etc.

Dans leur constante ardeur,
Ce prix flatteur
Les encourage;
Au gré de leurs désirs
Il leur ménage
Des plaisirs.
Chantons, etc.

A UNE SOEUR

LE JOUR DE SAINTE CATHERINE.

AIR de la Négresse.

Sainte Catherine, patronne
Des chastes filles d'ici-bas,
Toi que l'on dit être si bonne,
Toi qu'en vain l'on implore pas,
Inspire-moi, je suis un frère
Qui, pour sa sœur, forme des vœux;
Du haut des cieux fais que sur terre
Elle trouve des jours heureux.

Qui peut-on aimer davantage
Si ce n'est une tendre sœur
Qui, d'une mère offre l'image
Dont on connaît à fond le cœur ;
Pour un frère c'est une amie,
C'est un ange consolateur
Pour qui l'on donnerait sa vie
Pour lui faire avoir le bonheur.

Si je ne puis un jour de fête
Te donner un cadeau de roi,
Mon ame, à te prouver est prête,
Les sentiments que j'ai pour toi.
Sur moi tu peux compter sans cesse;
Entre nous tout est de moitié ;
Compte toujours sur ma tendresse,
Sur mon éternelle amitié!!!

FIN.

No 1.

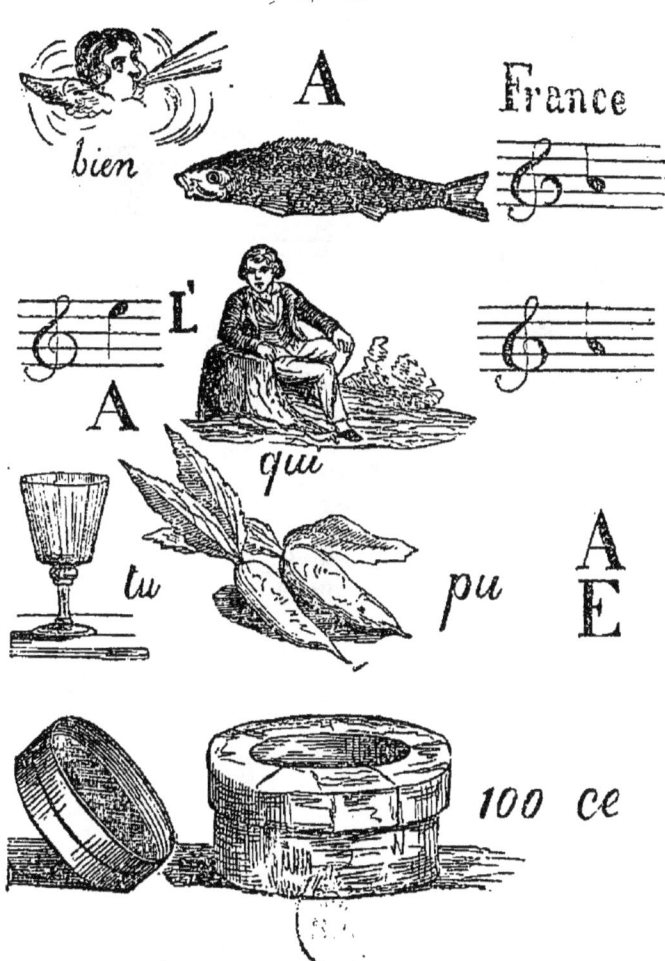

N° 3.

No 5.

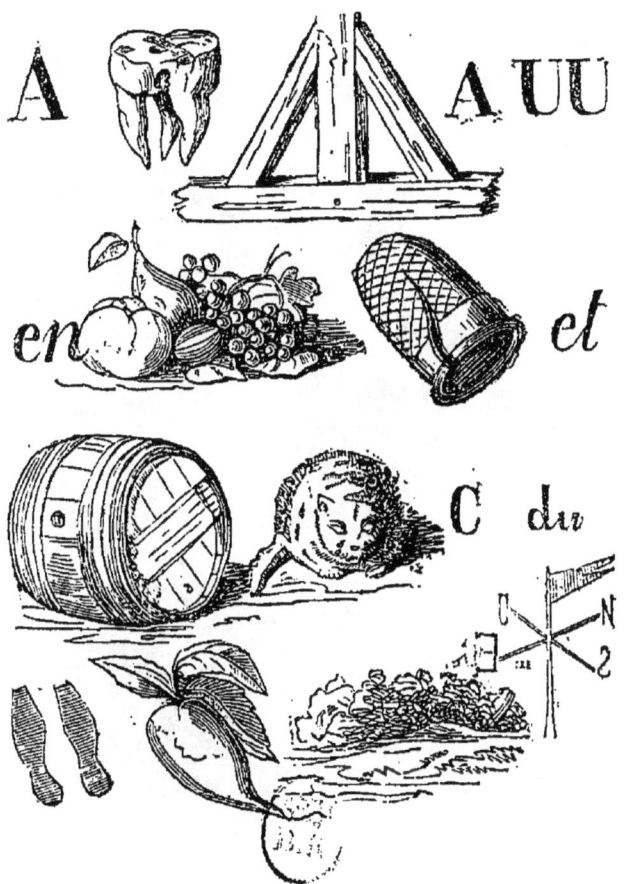

N° 9.

Nº 10.

N° 11.

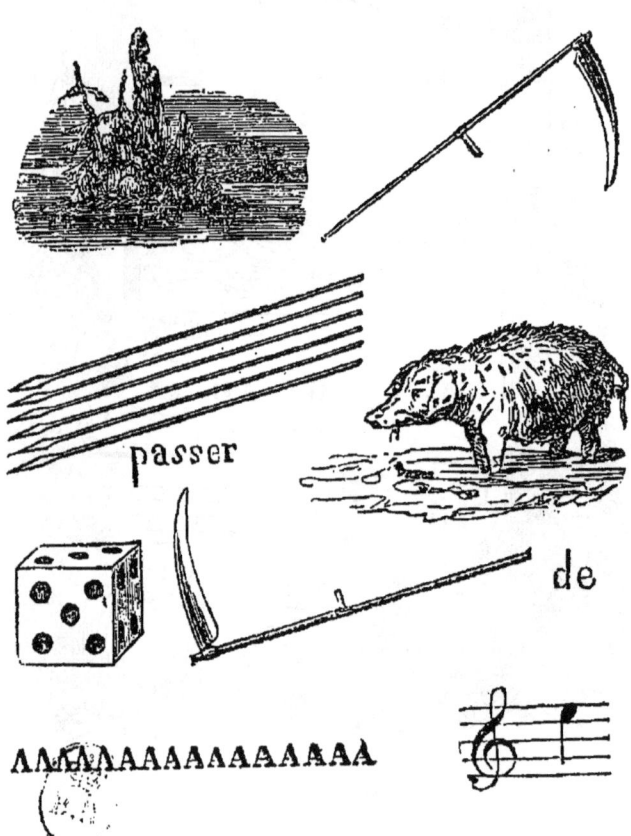

EXPLICATIONS DES RÉBUS.

N° 1.
I six bas chat qu'1 loup dix œufs, l'oiseau dans l'R aile poisson dans l'O.

Ici bas chacun loue Dieu, l'oiseau dans l'air et le poisson dans l'eau.

N° 2.
Bien *sous* vent, A *sur* thon, la *sous* France, A *sous* mi, l'homme sur qui, la verre tu, navet pu, A *sur* E, sas, puits, 100 ce.

Bien souvent, assure-t-on, la souffrance a soumis l'homme sur qui la vertu n'avait pu assurer sa puissance.

N° 3.
Un enfant do si le, haie, la, console, A, scie, on de sépare en.
Un enfant docile est la consolation de ses parents.

N° 4.
Laie, arçons, O, si, ut, île, à, l's, pris, que l'exercice, haie, salut, r, o, cor.

Les arts sont aussi utiles à l'esprit que l'exercice est salutaire au corps.

N° 5.
7, en verre, 16, A, mi, que, long doigt, hêtre, pot, lit.
C'est envers ses amis que l'on doit être poli.

N° 6.
Le, nourrisson, du pain, daim, scie, que le, guerrier, atout, lord du père, houx, pré, fer, 1 b, os, laurier.

Le nourrisson du Pinde, ainsi que le guerrier,
A tout l'or du Pérou préfère un beau laurier.

N° 7.
Chat CC croisés, seau T, balle en C, A muse É V houe, g a c dans C, haie 100 dans G je ne puits recom en C.

Chassez-croisez, sautez, balancez, amusez-vous, j'ai assez dansé, et sans danger je ne puis recommencer.

N° 8.
A dent noue A uu (paire d'u) en touchant au fruit dé fendu et fût chat C du pas radis terre est re.

Adam nous a perdus en touchant au fruit defendu, et fut chassé du paradis terrestre.

N° 9.
7 nuit en rond flant G ré V que je tombe haie dans un puits.
Cette nuit en ronflant j'ai rêvé que je tombais dans un puits.

N° 10.
La vignette représente une pierre funéraire ; sur la partie supérieure est figure un enfant dans une nacelle qui s'abime ; l'épitaphe est : La des 000 B is sance la mi la.
La désobéissance l'a mis là.

N° 11.
Il e faux passer sous six lances laie dés faux de 16 A mi.
Il faut passer sous silence les défauts de ses amis.